यूनीकॉर्न

संक्षिप्त
सामान्य ज्ञान

IAS / STATE PCS / NDA / CDS / Bank PO / Management / SSC / Railway / Banking / BBA / MCA / BCA / B.ED. / CTET

एवं अन्य सभी प्रतियोगी परीक्षाओं के लिए

अजातशत्रु सिंह

एम. ए., एलएल. बी.

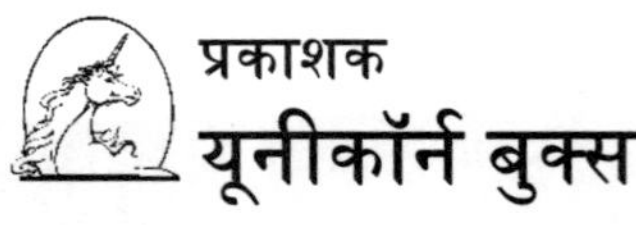
प्रकाशक
यूनीकॉर्न बुक्स

F-2/16, अंसारी रोड़, दरियागंज, नई दिल्ली-110002
23275434, 23262683, 23250704 • 011-23257790
ई-मेल: info@unicornbooks.in • वेबसाइट: www.unicornbooks.in

शाखा : मुम्बई
23-25, जाओबा वाड़ी, ठाकुरद्वार, मुम्बई-400002
022-22010941, 022-22053387
ई-मेल: rapidex@bom5.vsnl.net.in

ISBN: 978-81-7806-398-0

संस्करण : 2017

मुद्रक: परम ऑफसेटर्स, ओखला, नई दिल्ली-110020

प्राक्कथन

सामान्य ज्ञान सर्वाधिक गतिशील एवं विविधता वाला विषय है। नित नए अध्ययन एवं ज्ञान के विस्तार ने इसके आयाम को और भी व्यापक रूप दिया है। इतिहास, भूगोल, राजनीतिक व्यवस्था, कला एवं संस्कृति जैसे ज्ञान के परंपरागत विषयों के साथ ही कम्प्यूटर, अंतरिक्ष विज्ञान, नाभिकीय विज्ञान, स्वास्थ्य विज्ञान के क्षेत्र में नित नए आविष्कार एवं जैव–प्रौद्योगिकी इसके अध्ययन के मुख्य क्षेत्र बन गए हैं। प्रतियोगिता परीक्षाओं में अब इन क्षेत्रों से अधिक प्रश्न पूछे जाने लगे हैं। स्वाभाविक है, परीक्षार्थियों का रूझान भी इस ओर बढ़ा है। इन विषयों पर पर्याप्त सामग्री इस पुस्तक में उपलब्ध करायी गयी है।

वैश्वीकरण के फलस्वरूप सामाजिक एवं आर्थिक जीवन में कई बदलाव आए हैं। इसने सरकार के क्रियाकलाप एवं नीति निर्धारण की प्रक्रिया को भी प्रभावित किया है। अर्थव्यवस्था पर सरकारी तंत्र के नियंत्रण में कमी आयी है। योजना आयोग जैसी संस्थाएं अव्यावहारिक होने के कारण समाप्त कर दी गई हैं। इसका स्थान अब नीति (NITI) आयोग ने ले लिया है। सरकार का जोर अब योजना प्रक्रिया में राज्यों की भागीदारी सुनिश्चित करना है। इससे सहकारी संघवाद को बढ़ावा मिलेगा।

आज सरकार का ध्यान इस बात पर है कि गैर–जरूरी एवं अनावश्यक कानूनों को समाप्त कर कुशल प्रशासन एवं सरल न्यायिक प्रणाली की स्थापना की जाए। वर्तमान आवश्यकताओं को ध्यान में रखकर नए कानून बनाए जा रहे हैं एवं नई–नई योजनाएं लागू की जा रही हैं। इस पुस्तक में अधुनातन कानूनों एवं योजनाओं को शामिल किया गया है।

उपयोगी सामग्री का अधिक से अधिक संकलन ही इस पुस्तक के रचनाकार का मुख्य उद्देश्य रहा है। आंकड़े प्रामाणिक स्रोतों से जुटाए गए हैं, यथा–NCERT की पुस्तकें, भारत (प्रकाशन विभाग) एवं आर्थिक सर्वेक्षण के नवीनतम संस्करण, World Almanac एवं विभिन्न मंत्रालयों की रिपोर्ट आदि। इसमें छोटी–से–छोटी एवं बड़ी परीक्षाओं में पूछे जाने वाले प्रश्नों की प्रवृत्ति (Trend) को ध्यान में रखते हुए तथ्यात्मक एवं विश्लेषणात्मक अध्ययन सामग्री का भरपूर समावेश किया गया है। सिविल सेवा परीक्षा की तैयारी

करने वाले छात्र-छात्राओं के साथ अक्सर होने वाली लम्बी और ज्ञानवर्धक चर्चाओं ने इस पुस्तक को साकार रूप देने में मुख्य भूमिका निभाई।

यह पुस्तक न सिर्फ प्रतियोगिता परीक्षा की तैयारी कर रहे छात्रों के लिए बल्कि सामान्य ज्ञान में रुचि रखने वाले सामान्य पाठकों एवं अध्यापकों के लिए भी उतनी ही उपयोगी है। इस पुस्तक में अध्ययन के कई पड़ाव हैं। इनसे होकर गुजरते हुए आप अपनी धुंधली स्मृतियों को ताजी कर पाएंगे।

यह पूरा कार्य एक टीम वर्क का परिणाम है, जिससे कई शिक्षाविद् एवं विशेषज्ञ जुड़े रहे हैं। उनके ज्ञान एवं सुझाव से इसे यथासंभव समृद्ध बनाने का प्रयास किया गया है। सेंटर फॉर पॉलिटिकल स्ट्रैटेजी की विशेषज्ञ टीम ने इसमें भरपूर सहयोग दिया। ये सभी धन्यवाद के पात्र हैं। और अंततः, सिविल सेवा परीक्षा की तैयारी के दौरान सामान्य ज्ञान के अध्ययन एवं तैयार किए गए अपने नोट्स से भी मुझे काफी सहायता मिली। वे सब कहीं–न–कहीं इस पुस्तक के हिस्से बन सके हैं।

इस पुस्तक को लिखने की प्रेरणा परोक्ष–अपरोक्ष रूप से मुंझे अपने शिक्षाविद् पिता श्री जनार्दन प्रसाद सिंह से मिली। उनके निजी पुस्तकालय की कई सारी पुस्तकें मैं बार–बार पढ़ता और दोहराता रहा हूँ। कुछ अच्छा लिखने के लिए अच्छी चीजों को पढ़ने की प्रेरणा मुझे उनसे ही मिली। माँ जनकराज सिंह हमेशा ही मेरा मजबूत संबल और आधार रही हैं।

समय प्रबंधन में सहयोग के लिए मैं अपनी पत्नी रश्मि एवं दोनों बेटियों अंशुप्रिया एवं सृष्टि के प्रति कृतज्ञ हूँ। मैं अपने प्रकाशक डॉ. अशोक गुप्ता जी के प्रति विशेष आभारी हूँ, जिन्होंने काफी कम समय में यह पांडुलिपि मुझसे तैयार करवायी। मिथिलेश कुमार झा एवं अभिराम झा ने सम्पूर्ण पांडुलिपि को पढ़कर महत्वपूर्ण सुझाव दिए। उन्हें यथास्थान पुस्तक में शामिल किया गया है। संजीव कुमार ने पांडुलिपि को पुस्तकाकार रूप देने एवं इसकी साज–सज्जा में मुख्य भूमिका निभाई। इन सबके प्रति मेरा आभार।

नई दिल्ली

विषय-सूची

1. भारत का इतिहास एवं राष्ट्रीय आन्दोलन

शिलालेख

- सर्वाधिक प्राचीन अभिलेख मध्य एशिया के **बोगजकोई** नामक स्थान से लगभग 1400 ई. पू. के प्राप्त हुए हैं। इस अभिलेख में **इन्द्र**, **मित्र**, **वरुण** और **नासत्य** आदि वैदिक देवताओं के नाम दिए गए हैं।
- भारत में सबसे प्राचीन अभिलेख अशोक महान के प्राप्त होते हैं, ये अभिलेख तीसरी शताब्दी ई. पू. के हैं।
- अशोक के अभिलेख **ब्राह्मी**, **खरोष्ठी**, **यूनानी**, **आरमेइक** लिपियों में पाये गए हैं।
- प्रारम्भिक अभिलेख (गुप्तकाल से पूर्व) **प्राकृत** भाषा में हैं। सर्वाधिक अभिलेख **मैसूर** से प्राप्त हुए हैं।
- **पर्सिपोलिस** और **बेहिस्तून** अभिलेख ईरानी सम्राट दारा की सिन्धु घाटी की विजय का उल्लेख करते हैं।
- सर्वप्रथम 1837 ई. में **जेम्स प्रिंसेप** ने ब्राह्मी लिपि में लिखे गए अशोक के अभिलेखों को पढ़ा था।

सिक्के

- प्राचीनतम सिक्कों को **आहत सिक्के** (पंचमार्क सिक्के) कहा जाता है, ये पांचवी सदी ई. पू. के हैं।
- आरम्भिक सिक्के अधिकांशत: **चांदी** के हैं।
- सातवाहनों ने सीसे तथा **गुप्त शासकों** ने सोने के सर्वाधिक सिक्के प्रचलित किए थे।
- सर्वप्रथम लेख वाले स्वर्ण सिक्के **हिन्द-यूनानी** **(इण्डो-ग्रीक)** तथा इण्डो-पर्शियन शासकों ने जारी किए।
- अवशेषों में प्राप्त **मुहरों** से प्राचीन भारत का इतिहास जानने में विशेष सहायता प्राप्त होती है।

- हड़प्पा, मोहनजोदड़ों से प्राप्त मुहरों से उनके धार्मिक जीवन की झांकी मिलती है।

साहित्यिक ग्रंथ

- ब्राह्मण साहित्य में वेद, ब्राह्मण ग्रन्थ, आरण्यक, उपनिषद्, वेदांग, सूत्र, महाकाव्य, स्मृतिग्रन्थ, पुराण, आदि आते हैं।
- वेदों की संख्या चार है—ऋग्वेद, यजुर्वेद, सामवेद, अथर्ववेद।
- सबसे प्राचीन वेद ऋग्वेद एवं सबसे बाद का वेद अथर्ववेद है।
- **ब्राह्मण ग्रंथों की रचना** संहिताओं (ऋग्वेद, यजुर्वेद, अथर्ववेद) की व्याख्या हेतु गद्य में की गई थी। प्रत्येक वेद के पृथक्-पृथक् ब्राह्मण ग्रन्थ हैं।
- **उपनिषद् भारतीय दर्शन** के प्रमुख स्रोत हैं। वैदिक साहित्य के अन्तिम भाग होने के कारण उपनिषद् 'वेदान्त' कहलाते हैं।
- वेदांग की संख्या छ: है—**शिक्षा**, **कल्प**, **व्याकरण**, **निरुक्त**, **छन्द** एवं **ज्योतिष**। ये गद्य में सूत्र रूप में लिखे गए हैं।
- प्रमुख **उपवेद** हैं—**आयुर्वेद, धनुर्वेद, गन्धर्ववेद, शिल्पवेद।**
- **व्याकरण ग्रन्थों** में सबसे महत्वपूर्ण **पाणिनि कृत अष्टाध्यायी** है, इसका रचनाकाल 400 ई. के लगभग माना जाता है।
- जातक कथाएं बुद्ध से पूर्व भारत की सामाजिक स्थिति की जानकारी प्रदान करते हैं। सबसे प्राचीन बौद्ध ग्रन्थ **त्रिपिटक** है।
- **जैन ग्रन्थों** में **आगम** सबसे महत्वपूर्ण है, ये **द्वादश अंग** कहलाते हैं।
- **आचारांग सूत्र** में जैन भिक्षुओं के सम्बन्ध में नियमों का उल्लेख है।
- **भगवती सूत्र** में महावीर स्वामी का जीवन वृत्त वर्णित है।

ऐतिहासिक ग्रंथ

- **हेरोडोटस** 'इतिहास का जनक' कहलाता है, इसने पांचवीं सदी ई. पू. में '**हिस्टोरिका**' नामक पुस्तक की रचना की।
- यूनानी राजदूत **मेगस्थनीज** द्वारा रचित 'इण्डिका' में मौर्य युगीन समाज एवं संस्कृति का विवरण मिलता है।
- **डायमेकस** बिन्दुसार के दरबार में यूनानी राजदूत था, इसने भी मौर्य युगीन सांस्कृतिक स्थिति का विवरण अपने 'यात्रा-विवरण' में दिया है।
- **डायोनिसियस** भी मौर्य दरबार में यूनानी राजदूत था, इसने तत्कालीन मौर्य शासक अशोक के काल का विवरण अपने 'यात्रा-विवरण' में दिया है।
- यूनानी भाषा में रचित 'टॉलमी' की ज्योग्राफी भारत के भौगोलिक, राजनीतिक-आर्थिक इतिहास का महत्वपूर्ण स्रोत है।
- प्लिनी द्वारा रचित '**नेचुरल हिस्टोरिका**' (पहली सदी ई.) एवं चीनी यात्री **फाह्यान** ने तत्कालीन भारत की आर्थिक, सामाजिक, धार्मिक दशा का विस्तृत विवरण अपने यात्रा वृत्तान्त में दिया है।
- चीनी यात्री ह्वेनसांग (युवान च्वांग) अपनी भारत-यात्रा का वृत्तान्त सी-यू-की में दिया है जो तत्कालीन भारत की राजनीतिक व सांस्कृतिक स्थिति का दुर्लभ दस्तावेज है।
- अरब यात्रियों में **अल्बरुनी** सर्वाधिक उल्लेखनीय है। उसने अपनी पुस्तक '**तहकीक-ए-हिन्द**' (किताबुल हिन्द) में राजपूतकालीन समाज एवं धर्म का विस्तृत उल्लेख किया है।

सिन्धु घाटी सभ्यता (हड़प्पा सभ्यता)

- सर्वप्रथम 1921 ई. में रायबहादुर दयाराम साहनी ने हड़प्पा (जिला मांटगोमरी, पाकिस्तान) नामक स्थान पर इस महत्वपूर्ण सभ्यता के अवशेषों का पता लगाया।
- सिन्धु सभ्यता पश्चिम में मकराना तट प्रदेश पर सुत्कागेंडोर से पूर्व में मेरठ जिला के आलमगीरपुर तक, और उत्तर में जम्मू के मांदा से लेकर दक्षिण में किम सागर संगम पर भगतराव तक त्रिभुजाकार रूप में फैली हुई थी।
- सिंधु सभ्यता का सम्पूर्ण क्षेत्र लगभग 12,99,960 वर्ग किमी में विस्तृत था।

सिन्धु सभ्यता के महत्वपूर्ण उत्खनन स्थल

1.	हडप्पा (मांटगोमरी जिला, पंजाब प्रान्त, पाकिस्तान)	1921 ई.	दयाराम साहनी
2.	मोहनजोदड़ो (सिन्ध का लरकाना जिला, पाकिस्तान)	1922 ई.	राखालदास बनर्जी
3.	सुत्कागेंडोर (ब्लूचिस्तान-पाकिस्तान)	1927 ई.	आर. एल. स्टाइन
4.	चन्हूदड़ो (सिन्ध, पाकिस्तान)	1931 ई.	एम. जी. मजूमदार
5.	कोटडीजी (सिन्ध, पाकिस्तान)	1953 ई.	धुर्ये
6.	कालीबंगा (गंगानगर-राजस्थान, भारत)	1953 ई.	ए. घोष
7.	लोथल (अहमदाबाद-कठियावाड़, भारत)	1955 ई.	एस. आर. राव
8.	आलमगीरपुर (मेरठ, उत्तर प्रदेश, भारत)	1990 ई.	यज्ञदत्त शर्मा
9.	धौलावीरा (कच्छ-गुजरात, भारत)		आर. एस. विष्ट

- मातृदेवी की मूण्मूर्तियों से मातृदेवी की पूजा का संकेत मिलता है। इससे ज्ञात होता है कि सिन्धु समाज मातृसत्तात्मक था।
- मुहर पर योगी की आकृति (पशुपतिनाथ शिव के अनुरूप) से शिव पूजा का संकेत मिलता है।
- उत्खनन से प्राप्त, सीप, मिट्टी, पत्थर आदि से निर्मित छल्लों से लिंग, योनि पूजा के संकेत मिलते हैं।
- विशाल स्नान गृह एवं स्नान कुंडों से जल पूजा के संकेत मिलते हैं।
- मुख्य व्यवसाय कृषि था। गेहूं, जौ, कपास, मटर, तिल, राई, चावल एवं फल (खजूर, तरबूज आदि) उगाए जाते थे।
- सम्भवत: ये लोग विश्व के सूत कातने व कपड़े बुनने वाले प्रथम लोग थे, उन्हें कपड़े रंगने का भी ज्ञान था। वे सूती व ऊनी कपड़ों से परिचित थे।
- इस सभ्यता के लोग धातु निर्माण उद्योग, आभूषण निर्माण उद्योग, बर्तन निर्माण उद्योग, हथियार-औजार निर्माण उद्योग व परिवहन (जल व थल) उद्योग से भली-भाँति परिचित थे।
- सिन्धु सभ्यताकालीन आर्थिक संसाधनों में व्यापार एवं वाणिज्य की प्रमुख भूमिका थी।
- उत्खनित सामग्री के आधार पर ज्ञात होता है कि सिन्धुवासियों का भारत के अन्य भागों—राजस्थान, सौराष्ट्र, महाराष्ट्र, उत्तरी भारत, पश्चिमी उत्तर प्रदेश से व्यापारिक सम्बन्ध था।
- इसके अतिरिक्त सिन्धु निवासियों का व्यापार सम्पर्क मिस्र, मेसोपोटामिया, बहरीन एवं अन्य मध्य एशियाई देशों से था।

सिन्धु सभ्यता में आयातित वस्तुएं व उनके स्रोत

आयात की जाने वाली वस्तु	स्थल (स्रोत)
सोना (स्वर्ण)	अफगानिस्तान, फारस (ईरान)
चांदी (रजत)	अफगानिस्तान, फारस (ईरान)
तांबा	खेतड़ी (राजस्थान), बलूचिस्तान

टिन	मध्य एशिया, अफगानिस्तान
सीसा	राजस्थान, दक्षिन भारत, अफगानिस्तान, ईरान
गोमेद	सौराष्ट्र
फीरोजा	ईरान
लाजवर्दमणि	मेसोपोटामिया
नीलरत्न	बदख्शां

सिन्धु सभ्यता के पतन से सम्बन्धित मत

पतन के कारण	इतिहासकार
1. आर्यों के आक्रमण से	गार्डन चाइल्ड एवं ह्वीलर
2. बाढ़ से	मैके
3. जलवायु परिवर्तन से	ऑरेल स्टाइन
4. भूतात्विक परिवर्तन से	एम. आर. साहनी
5. प्रशासनिक शिथिलता से	जॉन मार्शल
6. प्राकृतिक आपदा से	के. यू. आर. कनेडी

वैदिक काल

- भारतीय इतिहास में 1500 ई. पू. से 600 ई. पू. के काल खण्ड को 'वैदिक सभ्यता' या 'वैदिक काल' की संज्ञा दी जाती है, क्योंकि इस काल में वेदों की रचना की गई थी।

ऋग्वैदिक काल (1500 ई. पू.-1000 ई. पू.)

- आर्य सभ्यता मूल रूप से ग्रामीण सभ्यता थी। आर्यों की भाषा संस्कृत थी।
- ग्रामणी ग्राम का मुखिया कहलाता था।
- व्राजपति गोचर भूमि का अधिकारी होता था।

- सभा-समिति राजा को उसके दैनिक प्रशासन में परामर्श देती थी और उसके अधिवेशन समय-समय पर हुआ करते थे। सभा, ग्राम संस्था के रूप में प्रतिष्ठित थी।
- ऋग्वेद के 7वें मण्डल में सुदास एवं दस राजाओं के मध्य हुए युद्ध का वर्णन मिलता है, जो पुरुषणी (रावी) नदी के तट पर लड़ा गया, इस युद्ध में सुदास की विजय हुई।
- आर्य अनेक जनों में विभक्त थे। ये 'जन' ग्रामों में निवास करते थे। प्रत्येक ग्राम अनेक आर्य परिवारों का समुदाय था। इस प्रकार समाज की इकाई परिवार थी।
- ऋग्वेद काल में 'बाल विवाह' और पर्दा प्रथा के प्रचलन का प्रमाण नहीं मिलता।
- ऋग्वेद काल में नियोग प्रथा प्रचलित थी, इसके अनुसार विधवा स्त्री पुत्र प्राप्ति के निर्मित अपने देवर के साथ पत्नी के रूप में रह सकती थी।
- ऋग्वेद में विदुषी स्त्रियों का वर्णन मिलता है, जिनमें घोषा, लोपामुद्रा, सिकता, निवावरी, पौलोमी, कक्षावृती और विश्ववारा, आदि मुख्य थीं। इन्होंने ऋषियों की भांति ही ऋचाओं की रचना की।
- इस काल में स्त्रियों को यज्ञ करने का अधिकार भी प्राप्त था।
- ऋग्वैदिक काल में संगीत के अतिरिक्त घुड़दौड़, रथ दौड़ तथा मल्ल युद्ध मनोरंजन के अन्य साधन थे।
- ऋग्वेद में द्यूत क्रीड़ा का वर्णन मिलता है। कभी-कभी यह विनोदकारी आर्थिक क्षति और मानसिक असन्तोष का कारण बन जाता था।
- इस काल में गाय को उसकी उपयोगिता के कारण उसके वध का निषेध किया गया था। ऋग्वेद में अनेकश: 'अहन्या' शब्द का प्रयोग इस बात की पुष्टि करता है।
- आर्य समाज में घोड़ा अत्यंत उपयोगी पशु था।
- इन्द्र अत्यन्त शक्तिशाली और पराक्रमी देवता था। वह दस्युओं का विजेता था। वह आर्यों का सर्वश्रेष्ठ देवता था।

- अग्नि देवता का मान तत्कालीन समाज में बहुत था। अग्नि देवता की महत्ता इन्द्र के पश्चात् थी।
- ऋग्वेद में 33 देवी-देवताओं का उल्लेख मिलता है।
- 'असतो मा सद्गमय' वाक्य ऋग्वेद से लिया गया है।
- सूर्य से सम्बन्धित देवी सवित्री को सम्बोधित 'गायत्री मन्त्र' ऋग्वेद में ही उल्लिखित है।
- ऋग्वेदकालीन लोगों का मुख्य धन्धा **पशुपालन** था।
- ऋग्वैदिक काल में लोग **कृषि** करना सीख गए थे।

उत्तर वैदिक काल (1000 ई. पू.-600 ई. पू.)

- उत्तर वैदिक काल में आर्य लोग मुख्यत: कृषि आधारित अर्थव्यवस्था पर निर्भर थे।
- व्यापार मुख्यत: विनिमय प्रणाली पर ही आधारित था, किन्तु ऋग्वैदिक काल के समान गाय विनिमय का साधन थी।
- इस समय ऋग्वैदिक कालीन अनेक छोटे-छोटे कबीले एक-दूसरे में विलीन होकर बड़े क्षेत्रगत जनपदों को जन्म दे रहे थे। वस्तुत: शक्तिशाली राजतन्त्रों का उदय ही इस युग की महत्वपूर्ण विशेषता थी।
- ग्राम स्तर पर घटित मामलों व अपराधों में 'ग्राम्यवादिन' नामक अधिकारी निर्णय करता था।
- उत्तर वैदिक काल में यज्ञ तत्कालीन संस्कृति का मूल आधार था। यज्ञ के साथ-साथ अनेक अनुष्ठान भी प्रचलन में थे। इस काल में प्रजापति (सृष्टि के निर्माता) को सर्वोच्च स्थान प्राप्त हो गया था।
- पशुओं के देवता रुद्र इस काल में महत्वपूर्ण देवता बन गए थे। ये शिव के रूप में पूजे जाते थे।
- पूषन शूद्रों के देवता के रूप में प्रतिष्ठापित थे।
- ऋग्वेद में 10 मण्डल तथा 1028 सूक्त हैं। इसमें पहला और दसवां मण्डल बाद में जोड़ा गया है।
- इसमें दो से सात तक के मण्डल प्राचीनतम माने गए हैं। ऋग्वेद की भाषा पद्यात्मक है।

- इसका पाठ करने वाले ब्राह्मण की 'होतृ' या 'होता' कहा गया है।
- यजुर्वेद कर्मकाण्ड प्रधान ग्रन्थ है। इसका पाठ करने वाले ब्राह्मण को 'अध्वर्यु' कहा गया है।
- साम का अर्थ 'गान' से है। इसकी ऋचाओं का गान करने वाले ब्राह्मण को 'उद्‌गातृ' कहते थे।
- अथर्ववेद में रोग-निवारण, राजभक्ति, विवाह, प्रणयगीत, अंध विश्वासों तथा नाना प्रकार की औषधियों का वर्णन है।

बौद्ध धर्म

महात्मा बुद्ध

- बौद्ध धर्म के संस्थापक महात्मा बुद्ध का जन्म 563 ई. में नेपाल की तराई में स्थित कपिलवस्तु के समीप लुम्बिनी ग्राम के एक उद्यान में शाक्य क्षत्रिय कुल में हुआ था। इनके बचपन का नाम सिद्धार्थ था।
- इनके पिता का नाम शुद्धोधन तथा माता का नाम महामाया था। जो कोलिय वंश की थीं।
- 16 वर्ष की आयु में इनका विवाह यशोधरा नामक राजकुमारी से हुआ।
- 29 वर्ष की आयु में इन्होंने सत्य की खोज के लिए गृह त्याग कर दिया।
- 35 वर्ष की आयु में गया (बिहार) में उरुवेला नामक स्थान पर पीपल वृक्ष के नीचे वैशाख पूर्णिमा की रात्रि में समाधिस्थ अवस्था में इनको ज्ञान प्राप्त हुआ।
- महात्मा बुद्ध ने अपना प्रथम उपदेश (प्रवचन) सारनाथ में दिया।
- 483 ई. पू. में 80 वर्ष की आयु में महात्मा बुद्ध का देहान्त कुशीनारा में हुआ।
- बौद्ध धर्म मूलत: अनीश्वरवादी है। इसमें आत्मा की परिकल्पना भी नहीं है।
- बौद्ध धर्म में पुनर्जन्म की मान्यता है।

- बुद्ध के अनुयायी दो भागों में विभाजित थे:
  1. **भिक्षुक**—बौद्ध धर्म के प्रचार के लिए जिन्होंने संन्यास ग्रहण किया, उन्हें भिक्षुक कहा गया।
  2. **उपासक**—गृहस्थ जीवन व्यतीत करते हुए बौद्ध धर्म अपनाने वालों को 'उपासक' कहा गया।
- बौद्ध संघ में प्रविष्टि होने को **उपसम्पदा** कहा जाता था।
- चतुर्थ बौद्ध संगीति में बौद्ध धर्म दो भागों **हीनयान** एवं **महायान** में विभाजित हो गया।

बुद्ध ने मध्यम मार्ग (मध्यम प्रतिपदा) का उपदेश दिया।

चार आर्य सत्य

1. **दु:ख** : महात्मा बुद्ध के अनुसार जीवन में दु:ख है, अत: क्षणिक सुखों को सुख मानना अदूरदर्शिता है।
2. **दु:ख समुदाय** : महात्मा बुद्ध के अनुसार सारा संसार दुखमय है 'सर्वम् दु:खम्'। दु:ख का कारण तृष्णा है। इन्द्रियों को जो वस्तुएं प्रिय लगती हैं, उनको प्राप्त करने की इच्छा ही तृष्णा है और तृष्णा का कारण अज्ञान है।
3. **दु:ख निरोध** : महात्मा बुद्ध के अनुसार दुखों से मुक्त होने के लिए उसके कारण का निवारण आवश्यक है। अत: तृष्णा पर विजय प्राप्त करने से दु:खों से मुक्ति प्राप्त की जा सकती है।
4. **दु:ख निरोध गामिनी** : महात्मा बुद्ध के अनुसार दुखों से मुक्त होने अथवा निर्वाण प्राप्त करने के लिए जो मार्ग है, उसे अष्टांगिक मार्ग कहा जाता है।

बौद्ध महासंगीतियां				
संगीति	**समय**	**स्थल**	**शासक**	**संगीति अध्यक्ष**
प्रथम	483 ई. पू.	सप्तपर्णि गुफा (राजगृह)	अजातशत्रु (हर्यक वंश)	महाकस्सप

द्वितीय	383 ई. पू.	चुल्लबग्ग (वैशाली)	कालाशोक (शिशु नाग वंश)	सवाकमुनि
तृतीय	251 ई. पू.	पाटलिपुत्र (मगध की राजधानी)	अशोक (मौर्य वंश)	मोग्गलिपुत्त तिस्स
चतुर्थ	प्रथम शताब्दी ईस्वी	कुण्डलवन (कश्मीर)	कनिष्क (कुषाण वंश)	वसुमित्र

जैन धर्म

- जैन धर्म के संस्थापक एवं प्रथम तीर्थंकर थे—ऋषभदेव।
- जैन धर्म में ईश्वर की मान्यता नहीं है।
- मौर्योत्तर युग में **मथुरा** जैन धर्म का प्रसिद्ध केन्द्र था।
- जैन साधुओं को 'तीर्थंकर' कहा जाता था। महावीर स्वामी से पूर्व इस सम्प्रदाय के 23 तीर्थंकर हो चुके थे।
- जैन धर्म के 23वें तीर्थंकर 'पार्श्वनाथ' थे, जो महावीर स्वामी से 250 वर्ष पूर्व हुए थे।
- जैन तीर्थंकर 'ऋषभदेव' तथा 'अरिष्टनेमि' का उल्लेख ऋग्वेद में मिलता है। विष्णु पुराण तथा भागवत पुराण में 'ऋषभदेव' का उल्लेख नारायण के अवतार के रूप में मिलता है।

महावीर स्वामी

- महावीर स्वामी का जन्म वैशाली के निकट कुण्डग्राम (वज्जि संघ का गणतन्त्र) में 540 ई. पू. में हुआ।
- इनके पिता का नाम 'सिद्धार्थ' तथा माता का नाम 'त्रिशला' था, जो लिच्छवि राजा चेटक की बहन थीं।
- महावीर स्वामी का विवाह 'यशोदा' नामक राजकुमारी से हुआ था, जो राजा समरवीर की पुत्री थीं।

- महावीर स्वामी को 12 वर्ष की गहन तपस्या के पश्चात् 'जम्भिकग्राम' के निकट 'ऋजुपालिका' नदी के तट पर एक वृक्ष के नीचे ज्ञान (कैवल्य) की प्राप्ति हुई।
- कैवल्य की प्राप्ति के पश्चात् उन्हें कई नामों से जाना जाने लगा। यथा—केवलीन, जिन (विजेता), निर्ग्रन्थ (बन्धन रहित), महावीर, अर्हत (योग्य) आदि।
- लगभग 72 वर्ष की आयु में 527 ई. पू. में महावीर स्वामी को राजगृह के समीप पावापुरी में निर्वाण प्राप्त हुआ।
- महावीर स्वामी के 11 शिष्य थे जिन्हें गणधर कहा जाता था।

भागवत धर्म

- भागवत धर्म को वैष्णव धर्म के रूप में भी माना जाता है। इस धर्म का उद्भव मौर्योत्तर काल में हुआ।
- इस धर्म के संस्थापक वासुदेव कृष्ण थे। वे वृष्णि वंशीय यादव कुल के सम्मानीय थे।
- छान्दोग्य उपनिषद् में ऋषि घोर अंगिरस के शिष्य तथा देवकी पुत्र श्रीकृष्ण का वर्णन मिलता है।
- बेसनगर के द्वितीय ई. पू. के एक अभिलेख से ज्ञात होता है कि यूनानी दूत होलियोडोर ने वसुदेव की स्मृति में गुरुड़ध्वज स्थापित कराया था। उसने स्वयं को भागवत घोषित किया था।

शैव धर्म

- नवपाषाण युग की अनेक जातियों में भूमि की उर्वरता के लिए लिंग पूजा की प्रथा प्रचलित थी।
- ऋग्वेद में उन्हें पशुपति अथवा पशुओं का रक्षक कहा गया है।
- पह्लव नरेश गुण्डफर्न के कुछ सिक्कों पर त्रिशूल और जटाधारी शिव का चित्र उत्कीर्ण है।
- कुषाण शासक विम कडफिसेस के सिक्कों के पृष्ठ भाग पर नन्दी और त्रिशूलधारी शिव की आकृति उत्कीर्ण है।

- मत्स्य पुराण में लिंगपूजा का स्पष्ट उल्लेख मिलता है।
- वायु पुराण के अनुसार पाशुपत मत का उद्भव लकुलिन अथवा 'लकुलीश' नामक ब्रह्मचारी द्वारा हुआ था, वे शिव के अवतार थे।
- कापालिकों के इष्ट देव भैरव हैं, वे शिव के अवतार माने जाते हैं।'
- बसव पुराण के अनुसार लिंगायत सम्प्रदाय का प्रवर्तक अल्लभ प्रभु था। उसका शिष्य बसव कलचुरि शासक विजय का मन्त्री था।
- राष्ट्रकूट शासकों ने एलोरा के विख्यात कैलाश मन्दिर का निर्माण कराया था।

शाक्त धर्म

- पुराणों के अनुसार शक्ति की उपासना 'काली', 'दुर्गा' के रूप में की जाती थी।
- 'चौंसठ योगिनी का मन्दिर' जबलपुर में स्थित है, यह शाक्त धर्म के विकास और प्रगति का प्रतीक है।
- शाक्तों के दो वर्ग हैं—कौलमार्गी और समयाचारी।

महाजनपद युग

- छठी शताब्दी ई. पू. में सोलह महाजनपदों के अस्तित्व का उल्लेख बौद्ध ग्रन्थ 'अंगुत्तर निकाय' में प्राप्त होता है।
- इन महाजनपदों में सर्वाधिक शक्तिशाली 'मगध' था।
- जैन ग्रन्थ 'भगवती सूत्र' में भी हमें सोलह महाजनपदों की जानकारी मिलती है।
- इन सोलह महाजनपदों में 'अस्मक' एकमात्र महाजनपद था, जो दक्षिण भारत में गोदावरी नदी के तट पर स्थित था।
- छठी शताब्दी ई. पू. में दस गणतन्त्र भी स्थापित थे।

सोलह महाजनपद

1.	काशी	वाराणसी (उत्तर प्रदेश)
2.	कोशल	श्रावस्ती/अयोध्या (उ. प्र.)

3.	अंग	चम्पा (बिहार)
4.	मगध	गिरिव्रज (राजगृह)
5.	वज्जि	मिथिला (बिहार)
6.	मल्ल	कुशीनारा/पावा (उत्तर प्रदेश)
7.	चेदि	सुक्तिमती (उत्तर प्रदेश)
8.	वत्स	कौशाम्बी (उत्तर प्रदेश)
9.	कुरू	इन्द्रप्रस्थ (दिल्ली, मेरठ एवं हरियाणा)
10.	पांचाल	अहिच्छत्र/काम्पिल्य (उ. प्र.)
11.	मत्स्य	विराटनगर, जयपुर (राजस्थान)
12.	सूरसेन	मथुरा (उत्तर प्रदेश)
13.	अश्मक	पैठन (गोदावरी नदी क्षेत्र)
14.	अवन्ति	उज्जयिनी/महिष्मती, मालवा (मध्य प्रदेश)
15.	गन्धार	तक्षशिला, रावलपिंडी (पाकिस्तान)
16.	कम्बोज	लाजपुर (आधुनिक पाकिस्तान का हजारा जिला)

मगध साम्राज्य का उत्कर्ष

- छठी शताब्दी ई. पू. में और उसके पश्चात् उत्तर भारत में जिन राज्यों के मध्य राजनीतिक एकाधिकार के लिए संघर्ष चल रहा था, उनमें मगध, अवन्ति, वत्स और कोशल प्रमुख थे।
- मगध ने अन्य तीन प्रमुख राज्यों पर अपना एकाधिपत्य स्थापित किया और अपने राज्य को साम्राज्य का स्वरूप प्रदान किया।
- मगध पर शासन करने वाला प्राचीनतम ज्ञात राजवंश 'वृहद्रथ-वंश' था।
- चेदिराज वसु के पुत्र वृहद्रथ ने गिरिव्रज को राजधानी बनाकर मगध में स्वतन्त्र राज्य स्थापित किया था।
- इस वंश का सबसे प्रतापी शासक जरासंध था, वह वृहद्रथ का पुत्र था।

- बिम्बिसार (544 ई. पू.—492 ई. पू.) हर्यंक वंश का प्रथम शक्तिशाली शासक था। इसे मगध साम्राज्य की महत्ता का वास्तविक संस्थापक माना जाता है।
- इसकी राजधानी गिरिव्रज (राजगृह) थी।
- बिम्बिसार ने ही मगध में पहली बार एक सुदृढ़ शासन व्यवस्था की नींव डाली थी।
- बिम्बिसार के पश्चात् उसका पुत्र अजातशत्रु (492—460 ई. पू.) मगध का शासक बना।
- तत्पश्चात् अजातशत्रु का पुत्र उदयिन हर्यंकवंश का शासक बना।
- हर्यंक वंश के एक अमात्य शिशुनाग ने हर्यंक वंश के अन्तिम शासक नागदशक को पदच्युत कर शिशुनाग वंश की नींव डाली।
- उसने अवन्ति तथा वत्स पर अधिकार कर उन्हें मगध साम्राज्य में सम्मिलित कर लिया।
- महापद्मनन्द नामक व्यक्ति ने शिशुनाग वंश का अन्त कर नन्द वंश की नींव डाली।
- इस वंश का अन्तिम शासक धनानन्द, सिकन्दर का समकालीन था।
- 325 ई. पू. में चन्द्रगुप्त मौर्य ने अपने गुरु चाणक्य की सहायता से धनानन्द की हत्या कर मौर्य वंश की नींव डाली थी।

भारत पर विदेशी आक्रमण

- भारत पर प्रथम विदेशी आक्रमण ईरान के हखमनी वंश के राजाओं (पारसीक साम्राज्य) ने किया था।
- हखमनी वंश के संस्थापक साइरस (599 ई. पू.-529 ई. पू.) ने जेड्रोसिया के रेगिस्तानी मार्ग से होकर भारत पर आक्रमण करने का असफल प्रयास किया था।
- इसके उत्तराधिकारियों में उल्लेखनीय दारा प्रथम (522 ई. पू.-486 ई. पू.) के काल में भारत पर आक्रमण किया गया।
- 326 ई. पू. में वह भारत विजय के अभियान पर निकला।

- सिकन्दर बैक्ट्रिया को विजित करके काबुल होता हुआ हिन्दुकुश को पार कर भारत आया।
- 326 ई. पू. में सिकन्दर का प्रसिद्ध युद्ध झेलम नदी के तट पर पौरव राज पोरस के साथ हुआ, यह झेलम का युद्ध (वितस्ता का युद्ध) के नाम से प्रसिद्ध है। इस युद्ध में पोरस की पराजय हुई।
- झेलम का युद्ध (वितस्ता का युद्ध) 'हाइडेस्पीज के युद्ध' के नाम से भी इतिहास में स्मरणीय है।
- सिकन्दर विजित भारतीय क्षेत्रों को अपने सेनापति फिलिप को सौंपकर भारत से वापस हो गया।
- 325 ई. पू. में बेबीलोन (सूसा) में 32 वर्ष की आयु में सिकन्दर की मृत्यु हो गई।

मौर्य वंश

- चन्द्रगुप्त मौर्य चाणक्य की सहायता से अन्तिम नंदवंशीय शासक धनानन्द को पराजित कर 321 ई. पू. में मगध के सिंहासन पर आसीन हुआ और मौर्य साम्राज्य की स्थापना की।
- स्ट्रैबो और जस्टिन ने चन्द्रगुप्त को 'सैण्ड्रोकोटस' तथा एरियन और प्लूटार्क ने 'एण्ड्रोकोटस' कहा है।
- सर्वप्रथम विलियम जोन्स ने 'सैण्ड्रोकोटस' का तादात्म्य चन्द्रगुप्त मौर्य के साथ स्थापित किया।
- चन्द्रगुप्त मौर्य ने तत्कालीन यूनानी शासक सेल्यूकस को पराजित किया।
- सन्धि हो जाने पर सेल्यूकस को चन्द्रगुप्त मौर्य ने 500 हाथी उपहार में दिए, सेल्यूकस ने बदले में पूर्वी अफगानिस्तान, बलूचिस्तान और सिन्धु नदी के पश्चिम का क्षेत्र उसे दे दिया था।
- सेल्यूकस ने अपनी पुत्री का विवाह चन्द्रगुप्त के साथ कर दिया।
- चन्द्रगुप्त मौर्य ने जैन मुनि भद्रबाहु से जैन धर्म की दीक्षा ली थी और श्रवणबेलगोला में उपवास द्वारा अपना शरीर त्याग दिया।

- चन्द्रगुप्त मौर्य की मृत्यु के पश्चात् उसका पुत्र बिन्दुसार (298-272 ई. पू.) उसका उत्तराधिकारी बना।
- यूनानी लेखक बिन्दुसार को 'अमित्रोचेट्स' कहते थे।
- बिन्दुसार के राजदरबार में यूनानी शासक एन्टीयोकस प्रथम ने डायमेकस नामक व्यक्ति को राजदूत के रूप में नियुक्त किया।
- मिस्र नरेश फिलाडेल्फस-टॉलमी द्वितीय ने 'डियानीसियस' नामक राजदूत को बिन्दुसार के राजदरबार में नियुक्त किया था।
- अशोक, मौर्य सम्राट बिन्दुसार का पुत्र था। अशोक की माता का नाम शुभद्रांगी था। शुभद्रांगीं चम्पा के ब्राह्मण की कन्या थी।
- राज्याभिषेक से पहले अशोक उज्जैन का राज्यपाल था।
- अपने राज्याभिषेक के आठवें वर्ष अर्थात् 261 ई. पू. में अशोक ने कलिंग पर आक्रमण किया और उसे जीत लिया।
- अशोक के अभिलेखों में शाहबाजगढ़ी एवं मानसेहरा (पाकिस्तान) के अभिलेख खरोष्ठी लिपि में हैं।
- अशोक के तक्षशिला एवं लघमान (अफगानिस्तान) अभिलेख आरमेइक लिपि में उत्कीर्ण हैं।
- अशोक का शर-ए-कुना (अफगानिस्तान) अभिलेख आरमेइक एवं ग्रीक (द्विभाषी) में उत्कीर्ण है।
- अशोक के समस्त शिलालेख, लघु शिलालेख, स्तम्भ लेख एवं लघु स्तम्भ लेख ब्राह्मी लिपि में उत्कीर्ण हैं।
- सर्वप्रथम 1837 ई. में जेम्स प्रिंसेप ने अशोक के अभिलेखों को पढ़ने में सफलता हासिल की।
- मौर्यकालीन अशोक सम्राट का नाम '**गुर्जरा, मास्की**, अभिलेखों में अंकित है।
- मेगस्थनीज कृत इंडिका के अनुसार **नगर-प्रशासन 5-5 सदस्यों वाली छः समितियों द्वारा होता था।**
- **समाहर्ता**—कोषाध्यक्ष था।
- **सन्निधाता**—केन्द्र में राजस्व का मुख्य संग्रहकर्ता था।
- **सीताध्यक्ष**—कृषि विभाग का अध्यक्ष था।

- नगर का मुखिया '**नगराध्यक्ष**' कहलाता था।
- प्रत्येक जनपद में न्यायालय स्थापित था, जिसके न्यायाधीश को '**राजुक**' कहा जाता था।
- सम्राट अशोक द्वारा आजीवक भिक्षुओं को बराबर व नागार्जुनी पहाडियों की गुफाएं दान में दी गई थीं, उनमें प्राचीनतम गुफा '**सुदामा की गुफा**' मानी जाती है।
- मौर्य काल में ऊनी वस्त्र उत्पादन का प्रमुख केन्द्र **गंधार** था।

शुंगवंश (184 ई. पू.-75 ई. पू.)

- अन्तिम मौर्य सम्राट बृहद्रथ की हत्या करके, उसके सेनापति पुष्यमित्र शुंग ने 184 ई. पू. में शुंग राजवंश की स्थापना की।
- पुष्यमित्र शुंग ने अश्वमेघ यज्ञ किया जिसका वर्णन कालिदास तथा पन्तजलि ने किया है।
- शुंग काल में ही भागवत धर्म का उदय व विकास हुआ तथा वासुदेव विष्णु की उपासना प्रारम्भ हुई।
- शुंग वंश के अन्तिम शासक देवभूमि की हत्या उसके मंत्री वासुदेव ने 75 ई. पू. में करके कण्व राजवंश की नींव डाली।

कण्व वंश (75 ई. पू.-30 ई. पू.)

- वासुदेव पाटलिपुत्र के कण्व वंश का प्रवर्तक था।
- वासुदेव ब्राह्मण था, वह अन्तिम शुंग शासक देवभूति का मंत्री था।

आन्ध्र-सातवाहन वंश

- आन्ध्र-सातवाहन वंश की स्थापना सिमुक ने की थी।
- सातवाहनों का मूल-निवास महाराष्ट्र का 'प्रतिष्ठान' (पैठान) नगर था। यह सातवाहन शासकों की राजधानी थी।
- सातवाहन वंश का तीसरा शासक शातकर्णी प्रथम ही सातवाहन वंश की शक्ति एवं सत्ता का मूल संस्थापक माना जाता है।

- उसने अपने शासनकाल में अश्वमेघ यज्ञ किया और समस्त दक्षिण भारत पर अपनी सार्वभौम सत्ता स्थापित की।
- उसने गोदावरी तट पर स्थित 'प्रतिष्ठान' नगर को अपनी राजधानी बनाया था।
- गौतमी पुत्र शातकर्णी इस वंश का सर्वाधिक महान शासक था।

भारत में यवन राज्य

- भारत में सबसे पहले आक्रमणकारी बैक्ट्रिया के ग्रीक (यूनानी) थे, जिन्हें 'यवन' के नाम से जाना जाता है।
- मौर्योत्तर काल में भारतीय सीमा में सर्वप्रथम प्रवेश करने का श्रेय डेमेट्रियस प्रथम को है, उसने 183 ई. पू. में पंजाब के कुछ क्षेत्रों को विजित कर साकल को अपनी राजधानी बनाया।
- डेमेट्रियस प्रथम के उपरान्त यूक्रेटाइड्स ने भारत के कुछ क्षेत्रों को विजित कर तक्षशिला को अपनी राजधानी बनाया था।
- मीनाण्डर (160 ई. पू.-120 ई. पू.) सर्वाधिक प्रसिद्ध यवन शासक था, उसने भारत में यूनानी सत्ता को स्थायित्व प्रदान किया। हिन्द यूनानियों ने सोने के सिक्के जारी किए।

भारत में शक राज्य

- भारत में शक शासक 'क्षत्रप' कहलाते थे।
- शक शासकों की दो शाखाएं भारत में अत्यन्त महत्वपूर्ण थीं—प्रथम 'उत्तरी क्षत्रप' जो तक्षशिला व मथुरा क्षेत्र में थे, द्वितीय 'पश्चिमी क्षत्रप' जो नासिक एवं उज्जयिनी क्षेत्र में थे।
- उज्जयिनी में कामर्दक वंश शकों का प्रतिष्ठित राजवंश था, इसका सर्वाधिक प्रसिद्ध शासक क्षत्रप रुद्रदामन था।

भारत में पह्लव राज्य

- पश्चिमोत्तर भारत में शकों के आधिपत्य के पश्चात् पार्थियायी लोगों का आधिपत्य स्थापित हुआ।
- पह्लव वंश का सर्वाधिक प्रसिद्ध शासक गोन्दोफर्निस था। इस पह्लव शासक की राजधानी तक्षशिला थी।
- गोन्दोफर्निस के शासनकाल में सेण्ट टॉमस ईसाई धर्म का प्रचार करने के लिए भारत आया था।
- पह्लव शक्ति का वास्तविक संस्थापक 'मिथेडस प्रथम' था।

भारत में कुषाण राज्य

- कुषाणों का प्रथम प्रमुख शासक कुजल कैडफिसस था, जिसे कैडफिसस प्रथम भी कहा जाता है। कुजल कैडफिसस के पश्चात् उसका पुत्र येन-काओ-चेन सिंहासन पर बैठा। वह विम कैडफिसस अथवा कैडफिसस द्वितीय के नाम से भी विख्यात है।
- कनिष्क कुषाण वंश का सबसे प्रतापी शासक था।
- कनिष्क ने अपने शासन काल में गन्धार, कश्मीर, सिन्ध एवं पंजाब पर अपना आधिपत्य स्थापित किया था।
- कनिष्क ने 78 ई. में एक सम्वत् प्रचलित किया, जिसे 'शक-सम्वत' के नाम से जाना जाता है।
- कनिष्क ने बौद्ध धर्म को संरक्षण प्रदान किया था, इसके समय में कश्मीर के कुण्डल वन में वसुमित्र की अध्यक्षता में चतुर्थ बौद्ध संगीति आयोजित की गई थी।
- कनिष्क ने अपने साम्राज्य की प्रथम राजधानी पुरुषपुर (पेशावर) को तथा द्वितीय राजधानी मथुरा को बनाया था।
- कनिष्क ने महायान धर्म को राजधर्म बनाया।

गुप्त वंश

- चन्द्रगुप्त प्रथम गुप्त वंश का प्रथम स्वतन्त्र शासक था। उसकी उपाधि 'महाराजाधिराज' थी।
- चन्द्रगुप्त प्रथम ने 'गुप्त सम्वत्' की स्थापना 319-20 ई. में की थी।
- गुप्त वंश में चन्द्रगुप्त प्रथम ने ही सर्वप्रथम रजत मुद्राओं का प्रचलन करवाया था।
- चन्द्रगुप्त प्रथम के पश्चात् उसका पुत्र समुद्रगुप्त शासक बना, वह लिच्छवी राजकुमारी 'कुमार देवी' से उत्पन्न हुआ था।
- समुद्रगुप्त गुप्त वंश का एक महान योद्धा तथा कुशल सेनापति था, इसी कारण उसे 'भारत का नेपोलियन' कहा जाता है।
- चन्द्रगुप्त द्वितीय के शासनकाल में गुप्त साम्राज्य अपने चरमोत्कर्ष पर था।
- चन्द्रगुप्त द्वितीय के शासनकाल में उसकी प्रथम राजधानी पाटलिपुत्र और द्वितीय राजधानी उज्जयिनी थी, ये दोनों ही नगर गुप्तकालीन शिक्षा के प्रसिद्ध केन्द्र थे।
- चन्द्रगुप्त द्वितीय का काल साहित्य और कला का स्वर्ण युग कहा जाता है।
- चन्द्रगुप्त द्वितीय के दरबार में विद्वानों एवं कलाकारों को आश्रय प्राप्त था। उसके दरबार में नौ रत्न थे—इनमें कालिदास, धन्वन्तरि, क्षपणक, अमरसिंह, शंकु, बैताल भट्ट, घटकर्पर, वराहमिहिर और वररुचि उल्लेखनीय थे।
- चन्द्रगुप्त द्वितीय के शासनकाल में चीनी यात्री फाह्यान (399-412 ई.) भारत यात्रा पर आया था।
- चन्द्रगुप्त द्वितीय के पश्चात् उसका पुत्र कुमारगुप्त प्रथम गुप्त साम्राज्य का शासक बना।

- कुमारगुप्त प्रथम ने अधिकाधिक संख्या में मयूर आकृति की रजत मुद्राएं प्रचलित की थीं।
- कुमारगुप्त प्रथम के शासनकाल में नालन्दा विश्वविद्यालय की स्थापना की गई थी।
- स्कन्दगुप्त गुप्तवंश का अन्तिम प्रतापी शासक था।
- स्कन्दगुप्त ने 'देवराज', 'विक्रमादित्य', आदि उपाधियां धारण की थीं।
- स्कन्दगुप्त ने मौर्यों द्वारा निर्मित सुदर्शन झील का जीर्णोद्धार करवाया था।
- गुप्तकाल में **जैन धर्म** को विशेष स्थान प्राप्त था।
- जैन धर्म की श्वेताम्बर शाखा की **दो सभाओं** का आयोजन हुआ था, **पहली सभा मथुरा में** 313 ई. **में** तथा **दूसरी** 453 ई. **में वल्लभी में** बुलाई गई थी।
- गुप्तकाल में बंगाल, गुजरात तथा **दक्षिण का कुछ भाग** कपड़ा उद्योग के प्रमुख केन्द्र थे।
- गुप्तकाल में पश्चिम में **भड़ौच** एवं पूर्व में **ताम्रलिप्ति** प्रमुख बन्दरगाह थे।
- गुप्तकाल में निर्मित **श्रेष्ठी सार्थवाह-कुलिक निगम की** 274 **मुहरें** वैशाली से प्राप्त हुई हैं।
- गुप्तकाल में प्रान्तीय शासक **'भौगिक', 'भोगपति' 'गोप्ता'** आदि कहलाते थे।
- गुप्तकाल में **ग्राम** प्रशासन की सबसे छोटी इकाई थी। ग्राम के मुखिया को **'ग्रामिक'** अथवा **'महत्तर'** कहा जाता था।

पुष्यभूति वंश

- बड़े भाई राज्यवर्धन की मृत्यु के बाद हर्षवर्धन थानेश्वर के राजसिंहासन पर आसीन हुआ।

- हर्षवर्धन ने कामरूप शासक भास्कर वर्मा से सन्धि करने के पश्चात् गौड़ शासक शशांक के विरुद्ध एक बड़ी सेना भेजी और उसे परास्त किया।
- दक्षिण में उसकी सेनाओं को चालुक्य नरेश पुलकेशिन द्वितीय ने नर्मदा के तट से पीछे खदेड़ दिया था।
- हर्षवर्धन एक उच्चकोटि का कवि भी था। उसने संस्कृत में नागानन्द, रत्नावली तथा प्रियदर्शिका नामक नाटकों की रचना की थी।
- हर्षवर्धन ने अपने राजदरबार में कादम्बरी और हर्षचरित के रचयिता बाणभट्ट, सुभाषितावली के रचयिता मयूर और चीनी विद्वान ह्वेनसांग को आश्रय प्रदान किया था।

मध्यकालीन भारत

गुर्जर-प्रतिहार वंश

- गुर्जर-प्रतिहार वंश का संस्थापक 'हरिश्चन्द्र' था।
- वत्सराज को प्रतिहार साम्राज्य का वास्तविक संस्थापक कहा जाता है।
- मिहिरभोज प्रथम, इस वंश का सर्वाधिक महत्वपूर्ण शासक था।
- 1018 ई. में महमूद गजनवी ने गुर्जर-प्रतिहार शासक राज्यपाल को पराजित कर अपने अधीन कर लिया।

गहड़वाल वंश

- 1085 ई. के लगभग चन्द्रदेव ने कन्नौज में गहड़वाल वंश की स्थापना की।
- गोविन्द चन्द्र इस वंश का सर्वाधिक यशस्वी तथा कुशल शासक था।
- जयचन्द इस वंश का अन्तिम शासक था। इसने राजसूय यज्ञ किया था।

चौहान (चाहमान) वंश

- सातवीं शताब्दी में वासुदेव द्वारा स्थापित शाकम्भरी (अजमेर के निकट) के चौहान राज्य का इतिहास में विशिष्ट स्थान है।

- चौहान वंश का अन्तिम शासक पृथ्वीराज तृतीय ने 1191 ई. में तराइन के प्रथम युद्ध में मुहम्मद गौरी को पराजित किया था।
- परन्तु 1192 ई. में तराइन के द्वितीय युद्ध में वह मुहम्मद गौरी से पराजित हुआ तथा बन्दी बना लिया गया।

जेजाकभुक्ति के चन्देल

- इस वंश का यशस्वी शासक यशोवर्मन था।
- खजुराहो के प्रसिद्ध विष्णु मन्दिर (चतुर्भुज मन्दिर) का निर्माण भी इसी शासक ने कराया था।
- यशोवर्मन का पुत्र धंग (950-1008 ई.) चन्देल वंश का सर्वाधिक महत्वपूर्ण शासक था, उसे चन्देल राजसत्ता का वास्तविक संस्थापक कहा जाता था।
- चन्देल वंश का अन्तिम शासक परमर्दिदेव था।

मालवा के परमार

- परमार राजवंश का प्रथम स्वतन्त्र शासक सीयक (श्रीहर्ष) था।
- परमारों की प्रारम्भिक राजधानी उज्जैन थी, कालान्तर में धारा राजधानी बनी।
- भोज के शासनकाल (1010-1055 ई.) में राजनीतिक एवं सांस्कृतिक दोनों दृष्टियों से परमार सत्ता का उत्कर्ष हुआ।

गुजरात (अन्हिलवाड़ा) के चालुक्य

- इस राजवंश का संस्थापक मूलराज प्रथम (941 ई.-966 ई.) था। उसने अन्हिलवाड़ा को अपनी राजधानी बनाया।
- कुमारपाल (1143-1173 ई.), इस वंश का सर्वाधिक महत्वाकांक्षी शासक था। प्रसिद्ध जैन आचार्य हेमचन्द्र ने उसे जैन धर्म में दीक्षित किया था।
- इस वंश का अन्तिम महान शासक भीम द्वितीय (1178-1241 ई.) था।

बंगाल का पाल वंश

- पाल वंश की स्थापना गोपाल ने की थी।
- उसे जनता ने शासक चुना था।
- धर्मपाल इस वंश का सबसे प्रमुख शासक था।
- महीपाल को पाल वंश का दूसरा संस्थापक कहा जाता है।
- पाल वंश के पश्चात् बंगाल में सेन राजवंश प्रतिष्ठापित हुआ, जिसकी स्थापना सामन्तसेन ने की थी।
- बल्लाल सेन बंगाल में 'कुलीनवाद' नामक सामाजिक आन्दोलन का प्रणेता था।
- लक्ष्मण सेन के राजदरबार में 'गीत गोविन्द' के रचयिता जयदेव, 'पवनदूत' के लेखक धोयी तथा 'ब्राह्मण सर्वस्व' के रचयिता हलायुध रहते थे।

दक्षिण भारत के प्रमुख राजवंश

राष्ट्रकूट वंश

- राष्ट्रकूटों का मूल निवास स्थान लट्टूर (आधुनिक, बीदर के समीप) था। प्रारम्भ में राष्ट्रकूट वादामी के चालुक्यों के सामंत थे।
- राष्ट्रकूट साम्राज्य का संस्थापक दन्तिदुर्ग था।
- उसने अपनी राजधानी मान्यखेट में स्थापित की थी।
- दन्तिवर्मन का उत्तराधिकारी कृष्ण प्रथम 756 ई. में सिंहासनारूढ़ हुआ था।
- उसने एलोरा के प्रसिद्ध कैलाश मन्दिर (गुहा मन्दिर) का निर्माण करवाया था।

वाकाटक वंश

- वाकाटक राजवंश की स्थापना विन्ध्यशक्ति ने की थी।
- वाकाटक वंश के शासक प्रवरसेन प्रथम ने सम्राट की उपाधि धारण की थी, उसने अपने शासनकाल में चार अश्वमेध यज्ञ, एक वाजपेय यज्ञ तथा अनेक वैदिक यज्ञों का अनुष्ठान किया था।

- वाकाटक नरेश प्रवरसेन द्वितीय साहित्यिक अभिरुचि का शासक था, उसने 'सेतुबन्ध' नामक प्राकृत काव्य ग्रंथ की रचना की थी।

वादामी (वातापी) के चालुक्य

- बादामी के चालुक्य वंश का संस्थापक पुलकेशिन प्रथम (533-566 ई.) था।
- पुलकेशिन द्वितीय वातापी के चालुक्य राजवंश का सर्वाधिक योग्य व साहसी शासक था।
- पुलकेशिन द्वितीय ने 'परमेश्वर' की उपाधि धारण की थी।

पल्लव राजवंश

- सिंहवर्मन पल्लव वंश का सबसे प्राचीन ज्ञात शासक है।
- सिंह वर्मन के पश्चात् उसका पुत्र महेन्द्रवर्मन (600 ई.-630 ई.) पल्लव वंश का शासक बना।
- महेन्द्रवर्मन एक कुशल लेखक भी था, उसने 'मत्तविलास प्रहसन' नामक ग्रन्थ की रचना की थी।
- नरसिंहवर्मन प्रथम, पल्लव वंश का शक्तिशाली शासक था, उसने वादामी के चालुक्य नरेश पुलकेशिन द्वितीय पर विजय प्राप्त करने के उपलक्ष्य में विजय स्तम्भ निर्मित कराया था।
- नरसिंहवर्मन प्रथम के ही शासन काल में प्रसिद्ध चीनी यात्री ह्वेनसांग ने कांची की यात्रा की थी।

चोल वंश

- नवीं शताब्दी ई. में चोल साम्राज्य की स्थापना विजयालय (850 ई.-871 ई.) ने की थी।
- 985 ई. में राजराज प्रथम, चोल सिंहासन पर आसीन हुआ। उसने चोल साम्राज्य की खोई हुई प्रतिष्ठा एवं सम्मान को पुन: अर्जित किया।
- राजराज प्रथम की मृत्यु के पश्चात् उसका पुत्र राजेन्द्र प्रथम शासक बना।

- राजेन्द्र प्रथम की सर्वाधिक महत्वपूर्ण विजय 1035 ई. में कडाराम के श्रीविजय साम्राज्य की थी, यह साम्राज्य मलाया प्रायद्वीप, सुमात्रा, जावा और निकटवर्ती द्वीपों तक विस्तृत था।
- चोलों का राज्य **कोरोमंडल तट तथा दक्षिण के कुछ भाग में** फैला था।
- चोल शासक **राजेन्द्र द्वितीय** का राज्याभिषेक युद्ध भूमि में हुआ था।
- इस काल में उरैयूर **कपास के व्यापार** के लिए प्रसिद्ध था।
- **राजराज प्रथम** ने कला के क्षेत्र में भी कीर्तिमान स्थापित किये थे। 'राजराजेश्वर का मन्दिर' उसकी उपलब्धि मानी जाती है।
- राजेन्द्र प्रथम ने **उत्तरी भारत में भी विजय प्राप्त की थी** तथा पाल शासक को पराजित किया था।

भारत पर तुर्की आक्रमण

- महमूद गजनवी का जन्म 1 नवम्बर, 971 ई. को हुआ था 27 वर्ष की अवस्था में वह 998 ई. में गजनी के राजसिंहासन पर आसीन हुआ।
- महमूद गजनवी ने 1000 ई. से 1027 ई. के मध्य भारत पर 17 बार आक्रमण किया।
- महमूद गजनवी का भारत पर सबसे पहला हमला 1000 ई. में हुआ, जिसमें उसने कुछ सीमान्त किलों पर अपना अधिकार कर लिया था।
- 1027 ई. में महमूद गजनवी ने जाटों व खोखरों को पराजित किया। यह महमूद का भारत पर अन्तिम आक्रमण था।

मुहम्मद गोरी के भारत पर आक्रमण

- 1175 ई. में मुहम्मद गोरी ने सर्वप्रथम मुल्तान के करमार्थियन सम्प्रदाय के शासक को विजित किया।
- 1175 ई. में मुहम्मद गोरी ने कच्छ को भी विजित किया।

- मुहम्मद गोरी ने 1179 ई. में पेशावर, 1185 ई. में स्यालकोट और 1186 ई. में लाहौर को अपने अधीन किया।
- 1191 ई. में पृथ्वीराज चौहान व मुहम्मद गोरी के मध्य 'तराइन का प्रथम युद्ध' हुआ। इस युद्ध में पृथ्वीराज चौहान ने मुहम्मद गोरी को परास्त किया। यह मुहम्मद गोरी की भारत में दूसरी पराजय थी।
- 1192 ई. में मुहम्मद गोरी व पृथ्वीराज चौहान के मध्य 'तराइन का द्वितीय युद्ध' हुआ। इस युद्ध में मुहम्मद गोरी ने पृथ्वीराज चौहान को परास्त किया।
- 1194 ई. में मुहम्मद गोरी ने कन्नौज के गहड़वाल वंशीय शासक को 'चन्दावर के युद्ध' में पराजित किया।

कुतुबद्दीन ऐबक (1206 ई.-1210 ई.)

- 1206 ई. में मुहम्मद गोरी की मृत्यु के पश्चात् कुतुबद्दीन ऐबक का अनौपचारिक राज्यारोहण लाहौर में किया गया था।
- कुतुबद्दीन ऐबक दिल्ली का प्रथम तुर्क शासन था और उसी को भारत में तुर्की राज्य का संस्थापक माना जाता है। कुतुबद्दीन की मृत्यु के बाद उसे लाहौर में दफनाया गया।
- कुतुबद्दीन ऐबक ने कुतुबमीनार का निर्माण कार्य प्रारम्भ करवाया व उसकी एक मंजिल पूरी करवाई। कुतुबमीनार का शेष भाग इल्तुतमिश ने पूरा कराया था।
- कुतुबद्दीन ऐबक ने अजमेर में 'अढ़ाई दिन का झोपड़ा' नामक मस्जिद का निर्माण भी करवाया था।
- 1210 ई. में लाहौर में चौगान (पोलो) खेलते हुए घोड़े से गिर कर कुतुबद्दीन की मृत्यु हुई थी।

आरामशाह (1210 ई.-1211 ई.)

- कुतुबद्दीन ऐबक की मृत्यु के पश्चात् उसके पुत्र आरामशाह को लाहौर में राजसिंहासन पर बैठाया गया।

- आरामशाह की मृत्यु के पश्चात् इल्तुतमिश दिल्ली सल्तनत का सुल्तान बना।

इल्तुतमिश (1211 ई.-1236 ई.)

- इल्तुतमिश तुर्किस्तान की इल्बरी जाति का तुर्क था।
- दिल्ली के राजसिंहासन पर बैठने से पूर्व वह बदायूं का सूबेदार था।
- इल्तुतमिश ने 'इक्ता' सेना का संगठन किया।

रजिया (1236 ई.-1240 ई.)

- रजिया मध्यकाल की प्रथम मुस्लिम शासक थी।
- सुल्तान के पद प्रतिष्ठा में वृद्धि हेतु रजिया ने कई उपाय किए। उसने पर्दा त्याग दिया और पुरुषों की भांति 'कुबा' (कोट) व 'कुलाह' (टोपी) धारण कर दरबार में आना प्रारम्भ किया।
- तुर्की गुलाम सरदारों की शक्ति को सन्तुलित करने के लिए रजिया ने गैर-तुर्की सरदारों का एक प्रतिस्पर्धी दल संगठित किया था।
- रजिया ने अबीसिनियाई दास जमालुद्दीन याकूत को 'अमीर-ए-आखूर' के पद पर नियुक्त किया।

ग्यासुद्दीन बलबन (1265-1287 ई.)

- बलबन इल्बरी जाति का तुर्क था।
- 1246 ई. में दिल्ली सल्तनत के सुल्तान नासिरुद्दीन महमूद द्वारा बलबन को सुल्तान का प्रमुख परामर्शदाता नियुक्त किया गया।
- 1249 ई. में बलबन ने अपनी पुत्री का विवाह सुल्तान नासिरुद्दीन महमूद के साथ कर दिया।
- सुल्तान नासिरुद्दीन महमूद द्वारा उसे 'नायब-ए-मुमालिकात' (सुल्तान का प्रतिनिधि) का पद प्रदान किया गया और 'उलुग खां' की उपाधि से विभूषित किया गया।
- बलबन ने राजसिंहासन पर बैठने के बाद सर्वप्रथम ताज की प्रतिष्ठा की पुन: स्थापना हेतु राजत्व के दैवीय सिद्धान्त का प्रतिपादन किया।

- बलबन ने अपने शासन काल में सिजदा प्रथा प्रारम्भ की।
- तत्पश्चात् बलबन ने इल्तुतमिश द्वारा स्थापित 'चालीसा' के सदस्यों का दमन किया।

जलालुद्दीन फिरोज खिलजी (1290-1296 ई.)

- भारत में खिलजी शासन का संस्थापक जलालुद्दीन फिरोज खिलजी था।
- जलालुद्दीन फिरोजशाह खिलजी ने अलाउद्दीन खिलजी को अमीर-ए-तुजुक पद प्रदान किया था।

अलाउद्दीन खिलजी (1296 ई.-1316 ई.)

- अलाउद्दीन का महान सेनापति मलिक काफूर गुजरात विजय के दौरान नुसरत खां द्वारा एक हजार दीनार में खरीदा गया, उसे 'हजार दीनारी' भी कहा जाता था।
- अलाउद्दीन दिल्ली सल्तनत का प्रथम सुल्तान था, जिसने दक्षिण भारत में विजय पताका फहरायी।
- अलाउद्दीन के दक्षिण भारतीय अभियान का नेतृत्व सेनापति मलिक काफूर ने किया था।
- अलाउद्दीन के शासन काल की सबसे प्रमुख विशेषता उसकी बाजार व्यवस्था थी।
- अलाउद्दीन के राज दरबार में अमीर खुसरो तथा हसन निजामी सरीखे विद्वान रहते थे।
- अलाउद्दीन खिलजी ने 1303 में अलाई किला बनवाया, जिसमें सात द्वार थे।

कुतुबुद्दीन मुबारक खिलजी (1316-1320 ई.)

- 1316 ई. में अलाउद्दीन की मृत्यु के पश्चात् उसका पुत्र कुतुबुद्दीन मुबाकर खिलजी दिल्ली सल्तनत का सुल्तान बना।
- कुतुबुद्दीन मुबारक खिलजी ने एक निम्न जाति के मुसलमान बने हसन को 'खुसरो खां' की उपाधि से सम्मानित कर, उसे अपने राज्य का प्रधानमंत्री बनाया।

नासिरुद्दीन खुसरो शाह (1320 ई.)

- नासिरुद्दीन खुसरो शाह 15 अप्रैल से 5 सितम्बर, 1320 ई. तक दिल्ली सल्तनत का सुल्तान रहा।
- दिल्ली सल्तनत के राजसिंहासन पर बैठने वाला वह प्रथम भारतीय मुसलमान शासक था।

ग्यासुद्दीन तुगलक (1320 ई -1325 ई.)

- 1320 ई. को ग्यासुद्दीन तुगलक शाह गाजी के नाम से सिंहासन पर बैठा।
- ग्यासुद्दीन का अन्तिम सैनिक अभियान बंगाल के विद्रोह का दमन था। बंगाल के अभियान से वापस आते समय दिल्ली से 5-6 मील दूर स्थित अफगानपुर में पुत्र जूनाखां द्वारा निर्मित काष्ठ महल के गिर जाने से 1325 ई. में सुल्तान की मृत्यु हो गई।

मुहम्मद बिन तुगलक (1325 ई.-1351 ई.)

- 1325 ई. में ग्यासुद्दीन तुगलक की मृत्यु के पश्चात् उसका पुत्र जूना खां 'मुहम्मद बिन तुगलक' के नाम से दिल्ली सल्तनत के राजसिंहासन पर बैठा।
- मुहम्मद बिन तुगलक द्वारा निर्मित कृषि विभाग का नाम दीवान-ए-कोही रखा गया था।
- मोरक्को निवासी इब्नबतूता, मुहम्मद बिन तुगलक के शासन काल में 1333 ई. में दिल्ली आया।
- मोहम्मद बिन तुगलक ने गंगा-यमुना दोआब की उर्वर भूमि में कर की दर 50 प्रतिशत कर दी।
- दिल्ली सल्तनत की राजधानी दिल्ली से दौलताबाद स्थानान्तरण।
- उसने चांदी एवं कांसे के सांकेतिक मुद्रा चलाए।

फिरोज तुगलक (1351 ई.-1388 ई.)

- 1351 ई. में उसका राज्याभिषेक थट्टा में हुआ।

- फिरोजशाह तुगलक ने अशोक के दो स्तम्भों को एक खिज्राबाद तथा दूसरा मेरठ से दिल्ली मंगाया।
- उसने हिसार-फिरोजपुर, जौनपुर एवं फिरोजाबाद आदि नगरों की स्थापना की थी।
- फिरोज ने रोजगार दफ्तर स्थापित किया था, जो बेरोजगार को कार्य दिलाता था।
- उसने 'दिवाने खैरात' विभाग स्थापित कर मुस्लिम अनाथ स्त्रियों, विधवाओं को आर्थिक सहायता प्रदान करने की व्यवस्था की थी।
- दिल्ली के सुल्तानों में वह प्रथम सुल्तान था, जिसने इस्लाम के कानूनों और उलेमा वर्ग को राज्य के शासन में प्रधानता दी थी।

सैय्यद वंश (1414-1451 ई.)

- सैय्यद वंश के संस्थापक **खिज्र खां** था।
- **खिज्र खां** ने सुल्तान की उपाधि धारण नहीं की, उसने **'रैयत-ए-आला'** की उपाधि धारण की थी।
- **उसने अपने सिक्कों पर तुगलक सुल्तानों का नाम उत्कीर्ण कराया।**
- **उसने अपने शासनकाल** (1414-1421 ई.) में तैमूर के पुत्र एवं उत्तराधिकारी **शाहरुख** के प्रतिनिधि के रूप में शासन किया।
- **मुबारक शाह** (1421 ई.-1434 ई.) ने **शाह** की उपाधि धारण की थी, अपने नाम का **खुतबा** पढ़वाया और अपने नाम के **सिक्के** प्रचलित किए थे। सैय्यद शासकों में वह सबसे महान था।
- मुबारकशाह ने प्रसिद्ध इतिहासकार **यहया बिन अहमद सरहिन्दी** को संरक्षण दिया था। उसने अपनी कृति **'तारीख-ए-मुबारकशाही'** इसी सुल्तान को समर्पित की थी।

लोदी वंश (1451 ई.-1526 ई.)

- बहलोल लोदी, लोदी वंश का संस्थापक था।
- उसने **प्रथम अफगान साम्राज्य** की स्थापना की थी।
- **सिकन्दर लोदी** (1489 ई.-1517 ई.) लोदी वंश का सर्वश्रेष्ठ शासक था।

- 1504 ई. में उसने राजस्थान के शासकों पर नियन्त्रण रखने तथा व्यापारिक मार्गों की सुरक्षा हेतु **'आगरा'** नगर की स्थापना की थी।
- सिकन्दर लोदी ने पैमाइश हेतु **'गजे सिकन्दरी'** नामक माप की इकाई प्रारम्भ की थी।
- सिकन्दर लोदी **'गुलरुखी'** के उपनाम से फारसी में कविताएं लिखता था।
- **इब्राहीम लोदी** (1517 ई.-1526 ई.) ने लोहानी, फारमूली, लोदी जाति के शक्तिशाली सरदारों के दमन की नीति अपनायी फलस्वरूप लोदी साम्राज्य के पतन का पथ-प्रशस्त हो गया।

विजयनगर साम्राज्य

- **हरिहर एवं बुक्का** ने 1336 ई. में विजयनगर साम्राज्य की स्थापना की।
- **देवराय प्रथम** (1404-1422 ई.) के गद्दी पर बैठते ही फिरोजशाह बहमनी ने आक्रमण कर दिया; इस आक्रमण में देवराय प्रथम की पराजय हुई।
- उसके काल में इटालियन यात्री निकोलीकोण्टी ने विजयनगर की यात्रा की थी।
- **देवराय द्वितीय** (1422-1446 ई.) संगम वंश का महानतम शासक था। उसकी प्रजा उसे **'इम्माडि देवराय'** (महान् देवराय) कहती थी।
- उसके काल में ईरानी राजदूत अब्दुर्रज्जाक ने विजयनगर की यात्रा की थी, उसने विजयनगर को विश्व का सबसे गौरवपूर्ण नगर बताया।
- **विरुपाक्ष द्वितीय** (1465-1485 ई.) संगम वंश का अन्तिम शासक था।

सालुव वंश

- विजयनगर के द्वितीय राजवंश (सालुव वंश) का संस्थापक नरसिंह सालुव था।

तुलुव वंश

- वीर नरसिंह तुलुव वंश का संस्थापक था। उसने 1505 ई. से 1509 ई. तक विजयनगर साम्राज्य पर सफलतापूर्वक शासन किया।
- वीर नरसिंह की मृत्यु के बाद उसका पुत्र कृष्णदेव राय सिंहासन पर बैठा।
- कृष्णदेव राय के दरबार को तेलुगू के आठ महान् विद्वान कवि (अष्टदिग्गज) सुशोभित करते थे। अत: उसे आन्ध्र भोज भी कहा जाता है।
- **कृष्णदेवराय ने हजारा मन्दिर तथा विट्ठलस्वामी मन्दिर का निर्माण कराया था।**
- उसके उत्तराधिकारी अच्युत देवराय (1529-1542 ई.) के शासनकाल में पुर्तगाली यात्री नूनिज ने विजयनगर की यात्रा की थी।
- सदाशिव राय (1542-1570 ई.) इस वंश का अन्तिम शासक था। इसी के शासनकाल में 23 जनवरी, 1565 ई. को तालीकोटा (राक्षसी-तंगड़ी) का युद्ध हुआ था।

आरवीडु वंश

- तालकोटा युद्ध के बाद तिरुमल्ल ने तुलुव वंश के अन्तिम शासक सदाशिव राय को अपदस्थ करके आरवीडु वंश की स्थापना की तथा विजयनगर के स्थान पर वेनुगोण्डा **(पेणुगोण्डा) को जधानी बनाया।**

बहमनी साम्राज्य

- बहमनी साम्राज्य का संस्थापक **अलाउद्दीन हसन बहमनशाह** (1347-1358 ई.) था। उसने गुलबर्गा को बहमनी साम्राज्य की राजधानी बनाया तथा उसका नाम अहसानाबाद रखा।

- **मुहम्मदशाह प्रथम** बहमनी सल्तनत के उल्लेखनीय शासकों में स्वीकार किया जाता है, उसके समय में बारूद का प्रयोग पहली बार हुआ जो रक्षा-संगठन में एक नवीन क्रान्ति थी।
- बहमनी वंश का अन्तिम सुल्तान कलीमुल्लाशाह था। 1527 ई. में उसकी मृत्यु के बाद बहमनी सल्तनत का अन्त हो गया।
- उसके स्थान पर पांच नवीन राजवंशों का उदय हुआ, इन राजवंशों के नाम इनके संस्थापकों की उपाधियों पर थे— (i) बरार का इमादशाही; (ii) **बीदर का बरीदशाही**; (iii) **बीजापुर का आदिलशाही**; (iv) **अहमदनगर का निजामशाही**; (v) **गोलकुण्डा का कुतुबशाही**।

धार्मिक आन्दोलन

सूफीवाद (सूफीमत)

- 'सूफी' शब्द अरबी भाषा के **'सफा'** शब्द से उत्पन्न है, इसका अर्थ 'पवित्रता' है। सम्भवत: **दसवीं शताब्दी** में सूफी रहस्यवाद का जन्म हुआ था।
- बारहवीं शताब्दी तक सूफी सम्प्रदाय **बारह सिलसिले** में विभक्त हो गया था।
- सूफी सिलसिलों में भारत में सर्वाधिक चर्चित सिलसिले थे— **चिश्ती, सुहरावर्दी, कादिरी, नक्शबन्दी।**
- ख्वाजा मुइनुद्दीन चिश्ती 1192 ई. में शिहाबुद्दीन गोरी की सेना के साथ भारत आये थे। इन्होंने अजमेर में खानकाह बनाकर चिश्ती परम्परा की स्थापना की। ईश्वर प्रेम और मानव सेवा उनके प्रमुख सिद्धान्त थे।
- शेख मुइनुद्दीन चिश्ती के उत्तराधिकारी ख्वाजा बख्तियार काकी थे, जिन्होंने बाबा फरीद को चिश्ती परम्परा में दीक्षित किया था।
- बाबा फरीद के शिष्य निजामुद्दीन औलिया सर्वाधिक प्रसिद्ध सूफी थे। शेख निजामुद्दीन औलिया के उदार एवं सहिष्णु दृष्टिकोण के कारण उन्हें **'महबूब-ए-इलाही'** (ईश्वर के प्रेमी) कहा जाता था।

- दक्षिण में चिश्ती सिलसिले की नींव शेख बुरहानुद्दीन गरीब ने रखी थी।

महत्वपूर्ण सूफी सिलसिले	
सिलसिला	**संस्थापक**
चिश्ती	मुइनुद्दीन चिश्ती
सुहरावर्दी	शिहाबुद्दीन सुहरावर्दी
कादिरी	शेख अब्दुल कादिर जिलानी
नक्शबन्दी	ख्वाजा बाकी विल्लाह
चिश्ती	मुइनुद्दीन चिश्ती

भक्ति आन्दोलन

- भक्ति आन्दोलन की दार्शनिक अवधारणा का प्रतिपादन उपनिषदों में किया गया है। यह आन्दोलन हिन्दुओं का सुधारवादी आन्दोलन था। इस आन्दोलन के प्रथम प्रचारक शंकराचार्य स्वीकार किए जाते हैं।
- बारह तमिल वैष्णव सन्तों जो संयुक्त रूप से अलवार के नाम से प्रसिद्ध थे, ने भक्ति को बहुत लोकप्रिय बनाया।
- शैव नयनारों तथा वैष्णव अलवारों ने ईश्वर के प्रति व्यक्तिगत भक्ति को ही मुक्ति का मार्ग बतलाया था।
- भक्ति आन्दोलन के महान प्रतिपादक वैष्णव सन्त **रामानुज** थे। वे सगुण ईश्वर में विश्वास करते थे।
- **रामानन्द** (पन्द्रहवीं शताब्दी) उत्तरी भारत के महानतम भक्त सन्त थे। वे रामानुज के शिष्य थे और भक्ति आन्दोलन को दक्षिण भारत से उत्तर भारत में स्थापित करने, प्रचारित-प्रसारित करने में उनका योगदान उल्लेखनीय था।
- कबीर (1398-1495 ई.) ने अपने गुरु रामानन्द के सामाजिक दर्शन को सुनिश्चित रूप दिया। कबीर हिन्दू-मुस्लिम एकता के पक्षधर थे।

- कबीर की मुख्य रचनाएं थीं—साखी, सबद, रमैनी।
- गुरुनानक (1469-1538 ई.) का जन्म तलवंडी (पाकिस्तान में) ननकाना में हुआ था। एकेश्वरवाद तथा मानवमात्र की एकता गुरु के मौलिक सिद्धान्त थे।
- उनके गीतों एवं कविताओं का संकलन 'आदि ग्रन्थ' में हुआ है।
- चैतन्य (1486-1533 ई.) का जन्म नवद्वीप (नदिया-बंगाल) में हुआ था।
- चैतन्य को बंगाल में आधुनिक वैष्णववाद, जिसे गौडीय वैष्णव धर्म कहा जाता है, का संस्थापक माना जाता है।

भक्ति आन्दोलन के प्रमुख सम्प्रदाय	
संस्थापक	**मत**
शंकराचार्य	अद्वैतवाद
रामानुज	विशिष्टाद्वैतवाद
मध्वाचार्य	द्वैतवाद
निम्बार्क	द्वैताद्वैतवाद
बल्लभाचार्य	शुद्धाद्वैतवाद
चैतन्य महाप्रभ	अचिन्त्य भेदाभेद

मुगल साम्राज्य

बाबर (1526 ई.-1530 ई.)

- बाबर का जन्म 14 फरवरी, 1483 ई. को मध्य एशिया के फरगना के शासक उमर शेख मिर्जा के यहां हुआ था।
- बाबर, 1494 ई. में 11 वर्ष की आयु में फरगना का शासक बना।
- बाबर का प्रथम आक्रमण 1519 ई. में बाजौर एवं भेरा पर हुआ।
- बाबर ने द्वितीय आक्रमण 1519-20 ई. में पेशावर पर किया।

- 21 अप्रैल, 1526 ई. को बाबर और दिल्ली सल्तनत के सुल्तान इब्राहिम लोदी के मध्य पानीपत के मैदान में युद्ध लड़ा गया, यह युद्ध 'पानीपत के प्रथम युद्ध' के नाम से जाना जाता है।
- 16 मार्च, 1527 को बाबर व राणा सांगा की सेनाओं के मध्य खानवा के मैदान में युद्ध हुआ।
- बाबर ने जनवरी 1528 ई. में चन्देरी पर आक्रमण किया। 19 मई, 1528 ई. को बाबर का चन्देरी पर अधिकार हो गया।
- घाघरा की विजय बाबर की अन्तिम विजय थी और उसके अगले वर्ष ही 1530 ई. में बाबर की मृत्यु हो गई।

हुमायूं

- बाबर की मृत्यु के उपरान्त 30 दिसम्बर, 1530 ई. को हुमायूं सिंहासनारूढ़ हुआ।
- हुमायूं ने अपने भाई कामरान को काबुल और कंधार, मिर्जा अस्करी को सम्भल तथा मिर्जा हिंदाल को अलवर व मेवात की जागीरें प्रदान की थीं।
- हुमायूं ने 1533 ई. में दीन पनाह नामक नए शहर की स्थापना की थी।
- हुमायूं तथा शेरखां (शेरशाह) के मध्य बक्सर के निकट चौसा नामक स्थान पर 1539 ई. में युद्ध हुआ था। इसमें हुमायूं को पराजय का सामना करना पड़ा।
- मई 1540 ई. कन्नौज (विलग्राम) के युद्ध में शेरशाह ने हुमायूं को पुन: पराजित कर दिल्ली, आगरा पर आधिपत्य कर लिया और हुमायूं को गद्दी छोड़कर भागना पड़ा।
- निर्वासित काल की अवधि में हुमायूं ने अपने छोटे भाई हिन्दाल के आध्यात्मिक गुरु और मीर अली की पुत्री हमीदाबानो बेगम से 29 अगस्त, 1541 ई. को विवाह किया, कालान्तर में इसी से अकबर का जन्म हुआ।
- 1545 ई. में हुमायूं ने ईरान के शाह की सहायता से काबुल और कन्धार पर अधिकार किया।

- 22 जून, 1555 ई. के सरहिन्द युद्ध में अफगानों पर निर्णायक विजय प्राप्त कर हुमायूं ने पुन: भारत के राजसिंहासन पर अधिकार कर किया।
- जनवरी 1556 ई. को हुमायूं दिल्ली के दीनपनाह भवन में स्थित पुस्तकालय की सीढ़ियों से गिर गया, जिससे उसकी मृत्यु हो गई।

अकबर (1556 ई.-1605 ई.)

- अकबर का जन्म अमरकोट के राणा वीरसाल के महल में 15 अक्टूबर, 1542 ई. को हुआ था।
- हुमायूं की मृत्यु के समय अकबर पंजाब में था, जहाँ बैरम खां के संरक्षण में पंजाब के गुरुदासपुर जिले के कलानौर नामक स्थान पर 14 फरवरी, 1556 ई. को अकबर का राज्याभिषेक मिर्जा अबुल कासिम ने किया।
- 1556 ई. में अकबर ने बैरम खां को अपना वकील (वजीर) नियुक्त कर 'खान-ए-खाना' की उपाधि से अलंकृत किया था।
- अकबर की धार्मिक नीति का मूल उद्देश्य 'सार्वभौमिक सहिष्णुता' था, इसे 'सुलहकुल' की नीति कहते हैं।
- अकबर ने सभी धर्मों में सामंजस्य स्थापित करने हेतु 1583 ई. में 'तौहीद-ए-इलाही' या 'दीन-ए-इलाही' नामक एक नवीन धर्म प्रवर्तित किया।
- अकबर ने 1583 ई. में एक नवीन कलैण्डर 'इलाही सम्वत्' प्रचलित किया था।
- अकबर के शासनकाल में हुए अफगान-बलूचियों के विद्रोह में **राजा बीरबल** की मृत्यु हो गई थी।
- अकबर के शासनकाल में **'मुजफ्फर खां'** को प्रथम वजीर नियुक्त किया गया था।
- अकबर ने 1562 ई. में **दास प्रथा का अन्त किया।**
- अकबर ने 1563 ई. में **तीर्थयात्रा कर समाप्त कर दिया।**
- अकबर ने 1564 ई. में **जजिया कर समाप्त किया।**

जहांगीर (1605 ई.-1627 ई.)

- अकबर की मृत्यु के पश्चात् सलीम का 'जहांगीर' के नाम से आगरा के किले में राज्याभिषेक हुआ।
- खुसरो को सहायता एवं आशीर्वाद देने के अभियोग में सिक्खों के पांचवें गुरु अर्जुनदेव को जहांगीर ने मृत्यु दण्ड दिया तथा उनकी सारी सम्पत्ति जब्त कर ली।
- मई 1611 ई. में जहांगीर ने मेहरुन्निसा (नूरजहां) नामक विधवा से विवाह करके उसे 'नूरमहल' की उपाधि दी।
- नूरजहां के पिता मिर्जा ग्यासबेग को दीवान नियुक्त किया गया था उसे 'एतमादुद्दौला' की उपाधि भी दी गई।
- इंग्लैण्ड के सम्राट जेम्स प्रथम ने जहांगीर के दरबार में सर टामस रो (1615-19 ई.) को राजदूत बनाकर भेजा।

शाहजहां (1628 ई.-1658 ई.)

- 1628 ई. में आगरा के राजसिंहासन पर शाहजहां का राज्यारोहण हुआ।
- शाहजहां के शासनकाल में सबसे पहला विद्रोह खानेजहां लोदी (1628 ई.) का था।
- शाहजहाँ के अन्तिम आठ वर्ष आगरा के किले के शाहबुर्ज में एक बन्दी के रूप में व्यतीत हुए।
- सामूगढ़ में विजय प्राप्त करने के पश्चात् औरंगजेब ने मुराद की हत्या कर दी तथा औरंगजेब ने स्वयं को बादशाह घोषित कर दिया।

औरंगजेब (1658 ई.-1707 ई.)

- उत्तराधिकार युद्ध में विजय प्राप्त करने के पश्चात् 21 जुलाई, 1658 ई. को औरंगजेब आगरा के सिंहासन पर बैठा, लेकिन उसका वास्तविक राज्याभिषेक एक वर्ष पश्चात् 5 जून, 1659 ई. को दिल्ली में हुआ।
- औरंगजेब ने हिन्दुओं पर पुन: **'जजिया'** कर लगा दिया था।
- उसने राहदारी एवं जानदारी आदि करों को समाप्त कर दिया।

मराठा राज्य

- इसकी स्थापना शिवाजी ने की थी।

शिवाजी (1627 ई.-1680 ई.)

- मराठा राज्य के संस्थापक शिवाजी का जन्म 1627 ई. को पूना के निकट शिवनेर में हुआ था। शिवाजी के पिता शाहजी भोंसले बीजापुर राज्य की सेवा में नियुक्त थे।
- शिवाजी के गुरु समर्थ स्वामी रामदास थे।
- शिवाजी ने 1646 ई. में ही बीजापुर के सुल्तान से रायगढ़, चाकन तथा 1647 ई. में बारामती, इन्द्रपुर, सिंहगढ़ तथा पुरंदर का दुर्ग भी छीन लिया था।
- 1676 ई. में ही शिवाजी ने अपनी राजधानी रायगढ़ बनाई।
- शिवाजी के मन्त्रिमण्डल को अष्टप्रधान कहा जाता था। अष्ट प्रधान में पेशवा का पद सर्वाधिक महत्वपूर्ण एवं सम्मान का होता था।
- शिवाजी की सेना तीन महत्वपूर्ण भागों में विभक्त थी : **1. पागा सेना**—नियमित घुड़सवार सैनिक **2. सिलहदार**—अस्थायी घुड़सवार सैनिक **3. पैदल**—पैदल सेना।
- शिवाजी की कर-व्यवस्था **मलिक** अम्बर की कर-व्यवस्था पर आधारित थी। शिवाजी ने रस्सी द्वारा माप की व्यवस्था के स्थान पर **काठी** एवं **मानक** छड़ी के प्रयोग को आरम्भ किया।
- शिवाजी के समय कुल उपज का 33% भाग राजस्व के रूप में वसूला जाता था, जो बढ़कर 40% हो गया था।
- चौथ एवं **सरदेशमुखी** नामक कर शिवाजी के द्वारा लगाया गया।
- शिवाजी की भूमि व्यवस्था **नौरोजी पंत** की थी।
- मराठों का केन्द्रीय कार्यालय हुजूर-दफ्तर कहलाता था।
- औरंगजेब ने 1665 ई. में आमेर के राजा जयसिंह को शिवाजी को नियंत्रित करने को भेजा।

शिवाजी ने उत्तराधिकारी-मराठा छत्रपति

1.	शम्भाजी	1680 ई.-1689 ई.
2.	राजाराम	1689 ई.-1700 ई.
3.	शिवाजी द्वितीय	1700 ई.-1707 ई.
4.	शाहू	1707 ई.-1749 ई.
5.	राजाराम द्वितीय	1749 ई.-1777 ई.
6.	शाहू द्वितीय	1777 ई.-1808 ई.
7.	प्रताप सिंह	1808 ई.-1839 ई.
8.	शाहजी अप्पा	1839 ई.-1848 ई.

यूरोपियों का भारत आगमन

पुर्तगाली

- 1498 ई. में पुर्तगाली नाविक वास्कोडिगामा ने भारत की खोज की थी।
- फ्रांसिस्को डी-अल्मीड़ा भारत में पहला पुर्तगाली गवर्नर था, जो 1505 ई. से 1509 ई. तक भारत में रहा।
- अल्फांसो-डी-अल्बुकर्क भारत में पुर्तगाली साम्राज्य का वास्तविक संस्थापक था।
- उसने 1510 ई. में गोवा पर अधिकार करके, उसे प्रमुख पुर्तगाली व्यापारिक केन्द्र बना दिया था।
- पुर्तगालियों के भारत आगमन से भारत में तम्बाकू की खेती, जहाज निर्माण एवं प्रिंटिंग प्रेस का सूत्रपात हुआ।
- पुर्तगाली भारत में गोवा, दमन, दीव, पर 1961 ई. तक शासन करते रहे।

डच

- 20 मार्च, 1602 ई. को भारत में व्यापार के लिए प्रथम डच कम्पनी 'यूनाइटेड ईस्ट इंडिया कम्पनी' का प्रादुर्भाव हुआ।
- डचों ने भारत में कोरोमण्डल तट, बिहार, उत्तर प्रदेश, गुजरात तथा बंगाल में कारखाने स्थापित किए।

- सत्रहवीं शताब्दी में भारत में मसाले के व्यापार पर डचों का एकाधिकार था।
- डचों द्वारा भारत से नील, शोरा एवं सूती वस्त्र का निर्यात किया जाता था।

अंग्रेज

- 1599 ई. जॉन मिल्डेनहाल (ब्रिटिश यात्री) थल मार्ग से भारत आया था।
- दिसम्बर 1600 ई. में 'ईस्ट इंडिया कम्पनी' की स्थापना हुई, जिसे ब्रिटिश महारानी एलिजाबेथ से 15 वर्षों के लिए पूर्वी व्यापार का एकाधिकार प्राप्त हुआ।
- मुगल सम्राट जहांगीर से व्यापारिक सन्धि करने के उद्देश्य से इंग्लैण्ड के सम्राट जेम्स प्रथम का एक दूत 'सर टॉमस रो' 1615 ई. में जहांगीर के दरबार में आया और 1618 ई. तक रहा।
- अंग्रेजी ईस्ट इण्डिया कम्पनी ने अपना पहला कारखाना 1611 ई. में मसुलीपट्टम और पेटापुली में स्थापित किया।
- 1632 ई. में अंग्रेजों ने गोलकुण्डा के सुल्तान से एक 'सुनहरा फरमान' प्राप्त कर 500 पैगोड़ा वार्षिक कर भुगतान करने की शर्त पर गोलकुण्डा राज्य में स्थित बंदरगाहों से व्यापार करने का एकाधिकार प्राप्त किया।
- 1698-99 ई. में बंगाल के सूबेदार अजीमुश्शान की स्वीकृति से कम्पनी को 1,200 रुपये के भुगतान देने पर सुतानाती, गोविन्दपुर और कालिकाता की जमींदारी प्राप्त हुई।
- कालिकाता, गोविन्दपुर और सुतानाती को मिलाकर आधुनिक नगर कलकत्ता की स्थापना जॉब चॉरनॉक ने की थी।
- कालान्तर में कलकत्ता में ही फोर्ट विलियम का निर्माण हुआ। 1700 ई. में स्थापित फोर्ट विलियम का प्रथम गवर्नर सर चार्ल्स आयर था।

फ्रांसीसी

- फ्रांसीसी सम्राट लुई चौदहवें के मंत्री कॉलबर्ट द्वारा 1664 ई. में 'फ्रेंच ईस्ट इंडिया कम्पनी' की स्थापना की गई थी।
- 1668 ई. में फ्रांसिस कैरो के नेतृत्व में इस कम्पनी ने सूरत में अपना प्रथम व्यापारिक कारखाना स्थापित किया।
- 1669 ई. में मर्कारा ने गोलकुण्डा के सुल्तान की स्वीकृति से मसुलीपट्टम में दूसरी फ्रेंच फैक्टरी स्थापित की।
- 1692 ई. में बंगाल में शाइस्ता खां (बंगाल का मुगल सूबेदार) की अनुमति से फ्रेंच कम्पनी ने चन्द्रनगर की स्थापना की।

डेनीस

- डेनमार्क की ईस्ट इंडिया कम्पनी की स्थापना 1616 ई. में हुई थी।
- इस कम्पनी ने 1620 ई. में त्रैंकोबार (तमिलनाडु) और 1676 ई. में सेरामपुर (बंगाल) में अपनी व्यापारिक कोठियां स्थापित की थी।
- सेरामपुर डेनों का प्रमुख व्यापारिक केन्द्र था।

1857 का विप्लव

- डलहौजी ने अपनी व्यपगत नीति के द्वारा जैतपुर, सम्भल, झांसी, नागपुर आदि राज्यों को ब्रिटिश साम्राज्य में सम्मिलित कर लिया था।
- अवध के नवाब को गद्दी से उतार कर अवध का कम्पनी राज्य में विलय कर लिया।
- भूतपूर्व पेशवा नाना साहब की पेंशन बन्द कर दी।
- इन सभी कारणों ने व्यापक असन्तोष को जन्म दिया था। मुगल सम्राट का अपमान भी कम्पनी के प्रति आक्रोश का कारण बना।
- 1857 ई. के विप्लव के लिए प्रमुख कारण 'आर्थिक' पहलू में विद्यमान थे।

- भारत में अंग्रेजी साम्राज्य का सबसे बड़ा अभिशाप था—'देश का आर्थिक शोषण'।
- प्लासी के युद्ध के पश्चात् निरंतर भारत का आर्थिक शोषण होता रहा।
- 1857 ई. के विप्लव के सैनिक कारणों में ऐसे अनेक बिन्दु विद्यमान थे जो विद्रोह की पृष्ठभूमि तैयार कर रहे थे।
- पदोन्नति से वंचित, वेतन की न्यून मात्रा, भारत की सीमाओं से बाहर युद्ध के लिए भेजा जाना, समुद्र पार का भत्ता न देना आदि ऐसे अनेक कारण थे, जिनसे भारतीय सैनिक असंतुष्ट थे और वे विद्रोह के लिए विवश थे।
- नाना साहब (धुन्धु पन्त) के निकटस्थ अजीमुल्ला खां एवं सतारा के अपदस्थ राज्य के निकटवर्ती रणोजीबापू ने लन्दन में विप्लव की योजना बनाई थी।

1857 ई. के विद्रोह के प्रमुख केन्द्र व प्रमुख विद्रोही नेता

केन्द्र	विद्रोही नेता	अधिकारी सैन्य
दिल्ली	बहादुरशाह जफर, बख्त खां	निकलसन, हडसन
कानपुर	नाना साहब, तात्यां टोपे	कैंपबेल
लखनऊ	बेगम हजरत महल, बिरजिस कादिर	कैंपबेल
झांसी	रानी लक्ष्मीबाई	ह्यूरोज
जगदीशपुर	कुंवरसिंह, अमरसिंह	टेलर
फैजाबाद	मौलवी अहमदुल्ला	रेनार्ड
इलाहाबाद	लियाकत अली	नील
बरेली	खान बहादुर	विंसेट आयर

- भारतीय स्वतंत्रता संग्राम की प्रथम महत्वपूर्ण घटना 29 मार्च, 1857 ई. को बैरकपुर की छावनी में घटित हुई, जहां मंगल पाण्डे

नामक एक सिपाही ने चर्बी लगे कारतूस के प्रयोग से इनकार करते हुए अपने अधिकारी लेफ्टिनेंट बाग और लेफ्टिनेंट जनरल ह्यूसन की हत्या कर दी।

- 10 मई, 1857 ई. को मेरठ छावनी की पैदल सैन्य टुकड़ी ने चर्बी वाले कारतूसों के प्रयोग से इनकार कर दिया और अपने उच्च अधिकारियों की हत्या कर दिल्ली की ओर प्रस्थान किया।
- 11 मई, 1857 ई. को प्रात: विद्रोहियों ने दिल्ली पर अधिकार कर मुगल सम्राट बहादुर शाह द्वितीय को अपना सम्राट घोषित किया।

राष्ट्रीय आंदोलन

बंगाल विभाजन

- बंगाल में राष्ट्रीय चेतना को नष्ट करने के उद्देश्य से लार्ड कर्जन द्वारा 20 जुलाई, 1905 ई. को बंगाल विभाजन के निर्णय की घोषणा की गई। 16 अगस्त, 1905 ई. को बंगाल विभाजन का निर्णय प्रभावी हुआ।
- बंगाल विभाजन के विरोध में कांग्रेस द्वारा 7 अगस्त, 1905 ई. को कलकत्ता के टाउन हॉल में 'स्वदेशी आंदोलन' की घोषणा के साथ 'बहिष्कार प्रस्ताव' पारित किया गया।
- 1911 ई. में दिल्ली दरबार हुआ। इसमें बंगाल विभाजन को रद्द कर दिया गया।

मुस्लिम लीग की स्थापना

- ढाका के नवाब सलीमुल्लाह के नेतृत्व में 30 दिसंबर, 1906 ई. को ढाका में आयोजित एक बैठक में मुस्लिम लीग की स्थापना की गई।
- 1908 ई. में अमृतसर में हुए मुस्लिम लीग के अधिवेशन में मुसलमानों के लिए पृथक निर्वाचन-मण्डल की मांग की गई थी।

कांग्रेस का सूरत अधिवेशन (1907 ई.)

- राष्ट्रीय आंदोलन की उग्रता के साथ-साथ कांग्रेस के उदारवादी नेताओं और उग्रवादी नेताओं के मध्य मतभेद व्यापक होते जा रहे थे।
- जिसके परिणामस्वरूप 1907 ई. के भारतीय राष्ट्रीय कांग्रेस के सूरत अधिवेशन में कांग्रेस उदारवादी एवं उग्रवादी गुटों में विभक्त हो गई।

लखनऊ पैक्ट (1916 ई.)

- 1915 ई. में मुहम्मद अली जिन्ना के व्यक्तिगत प्रयास से बम्बई में कांग्रेस और मुस्लिम लीग के अधिवेशन साथ-साथ हुए।
- दोनों संगठन पारस्परिक सहयोग द्वारा देश में संवैधानिक सुधार की योजना बनाने और उसे क्रियान्वित करने हेतु सरकार पर दबाव की राजनीति करने पर सहमत हुए।
- मुस्लिम लीग और कांग्रेस द्वारा नियुक्त समितियों ने मिलकर एक संयुक्त योजना बनाई, जो 1916 ई. के कांग्रेस के लखनऊ अधिवेशन में स्वीकृत हो गई, यही योजना 'कांग्रेस-लीग योजना' (लखनऊ पैक्ट) कहलाती है।
- लखनऊ पैक्ट द्वारा कांग्रेस ने पहली बार मुसलमानों के लिए पृथक् निर्वाचन मण्डल की मांग को औपचारिक रूप से स्वीकार कर ली, जो कालान्तर में कांग्रेस की भयंकर भूल सिद्ध हुई।

होमरूल लीग आन्दोलन (1916 ई.)

- श्रीमती एनी बेसेन्ट के प्रयासों से वैधानिक उपायों द्वारा स्वशासन प्राप्त करने के उद्देश्य से भारत में 'होमरूल लीग' की स्थापना की गई।
- 28 अप्रैल, 1916 ई. को बाल गंगाधर तिलक द्वारा 'महाराष्ट्र होमरूल लीग' की स्थापना की गई, जिसका केन्द्र पूना में था।
- सितम्बर 1916 ई. में एनी बेसेन्ट द्वारा मद्रास में 'अखिल भारतीय होमरूल लीग' की स्थापना की गई।

रौलट एक्ट (1919 ई.)

- क्रांतिकारी राष्ट्रवादी भावनाओं को कुचलने के लिए सन् 1918 ई. में गठित सर सिडनी रौलट समिति की सिफारिशों के आधार पर फरवरी 1919 ई. में केन्द्रीय विधान परिषद् द्वारा एक विधयेक पारित किया गया, जिसे 'रौलट एक्ट' के नाम से जाना जाता है।
- इस एक्ट के द्वारा अंग्रेजी सरकार जिसको चाहे, जब तक चाहे बिना मुकदमा चलाए जेल में बंद रख सकती थी। इसीलिए भारतीय जनता ने इसको 'काला कानून' कह कर कटु आलोचना की।
- गांधीजी ने रौलट एक्ट की आलोचना करते हुए सत्याग्रह करने का निश्चय किया।
- 6 अप्रैल, 1919 ई. को गांधीजी के अनुरोध पर देश भर में हड़तालों का आयोजन हुआ।
- सरकार ने गांधीजी के पंजाब, दिल्ली में प्रवेश पर प्रतिबन्ध लगा दिया।
- 9 अप्रैल, 1919 ई. को गांधीजी के दिल्ली में प्रवेश करते ही उन्हें गिरफ्तार कर लिया, इससे जनता में आक्रोश बढ़ गया।

जलियांवाला बाग हत्याकाण्ड (1919 ई.)

- रौलट एक्ट के विरोध में जगह-जगह पर जनसभाएं आयोजित की जा रही थीं। इसी दौरान सरकार ने पंजाब के लोकप्रिय नेता डॉ. सत्यपाल को गिरफ्तार कर लिया।
- इस गिरफ्तारी का विरोध करने के लिए 13 अप्रैल, 1919 ई. को एक जनसभा अमृतसर में जलियांवाला बाग में आयोजित की गई थी, अमृतसर के फौजी कमांडर जनरल डायर ने इस सभा को घेर कर निहत्थी भीड़ पर गोलियां चलवा दीं।
- इस हत्याकाण्ड के विरोध में रवीन्द्र नाथ टैगोर ने 'नाइट' की उपाधि वापस कर दी।

- इस हत्याकाण्ड के विरुद्ध बढ़ते जनअसन्तोष से भयभीत सरकार ने लॉर्ड हण्टर की अध्यक्षता में एक जांच समिति गठित की, जिसे 'हण्टर आयोग' के नाम से जाना जाता है।
- हण्टर आयोग की रिपोर्ट के अनुसार जनरल डायर के कृत्य को वैध ठहराया गया।

खिलाफत आंदोलन (1919-1921 ई.)

- सितम्बर 1919 ई. में 'अखिल भारतीय खिलाफत कमेटी' का गठन किया गया और अंग्रेजों के विरुद्ध खिलाफत आंदोलन प्रारंभ किया गया।
- नवम्बर 1919 ई. में कांग्रेस और मुस्लिम लीग का साथ-साथ दिल्ली में अखिल भारतीय खिलाफत सम्मेलन हुआ, जिसमें गांधीजी को सर्वसम्मति से सम्मेलन का अध्यक्ष चुना गया।
- 1922 ई. में खिलाफत आन्दोलन स्वत: ही समाप्त हो गया।

असहयोग आन्दोलन (1 अगस्त 1920 ई.)

- गांधीजी द्वारा असहयोग आंदोलन 1 अगस्त, 1920 को प्रारम्भ किया गया।
- इस आंदोलन के दौरान अनेक वरिष्ठ वकीलों मोतीलाल नेहरू, लाला लाजपत राय, सरदार बल्लभ भाई पटेल, पं. जवाहर लाल नेहरू, सी. आर. दास, विट्ठलभाई पटेल व राजेन्द्र प्रसाद, आदि ने न्यायालयों का बहिष्कार कर इस आंदोलन में भागीदारी की।
- इस आन्दोलन के दौरान गांधीजी ने अपनी 'कैसर-ए-हिन्द' की उपाधि भी वापस कर दी थी।
- उत्तर प्रदेश के गोरखपुर जिले में स्थित चौरी-चौरा नामक स्थान पर 5 फरवरी, 1922 ई. को आंदोलनकारी भीड़ ने पुलिस के 22 जवानों को थाने के अंदर जिन्दा जला दिया।
- इस घटना से गांधीजी अत्यन्त आहत हुए और उन्होंने 12 फरवरी, 1922 ई. को असहयोग आंदोलन को समाप्त घोषित कर दिया।

- आंदोलन समाप्त होते ही सरकार ने 10 मार्च, 1922 ई. को गांधीजी को गिरफ्तार कर लिया तथा असंतोष भड़काने के अपराध में छः वर्ष की कैद की सजा दी गई।

स्वराज पार्टी का गठन

- जनवरी 1923 ई. में मोतीलाल नेहरू तथा सी. आर. दास ने इलाहाबाद में 'स्वराज पार्टी' की स्थापना की।
- स्वराज पार्टी की राजनीति के फलस्वरूप ही भारतीयों को सर्वप्रथम सांसद बनने का गौरव प्राप्त हुआ।
- 1925 ई. में विट्ठलभाई पटेल का केन्द्रीय विधान मण्डल में चुना जाना स्वराजियों की महत्वपूर्ण उपलब्धि थी।

क्रांतिकारी आंदोलन

- अक्टूबर 1924 ई. में शचीन्द्र सान्याल, रामप्रसाद बिस्मिल और चन्द्रशेखर आजाद ने कानपुर में एक क्रांतिकारी संस्था 'हिन्दुस्तान रिपब्लिकन एसोसिएशन' (एच.आर.ए.) की स्थापना की।
- इस संस्था द्वारा 9 अगस्त, 1925 ई. को उत्तर रेलवे के लखनऊ-सहारनपुर सम्भाग के काकोरी नामक स्थान पर ट्रेन पर डकैती डाल कर सरकारी खजाना लूटा गया था, यह घटना 'काकोरी-काण्ड' के नाम से चर्चित है।
- सरकार ने 'काकोरी काण्ड' के षड्यंत्र में शामिल 29 क्रांतिकारियों को आरोपी बनाया, जिनमें रामप्रसाद बिस्मिल, अशफाक उल्ला खां, रोशनलाल और राजेन्द्र लाहिड़ी को फांसी दी गई थी।
- हिन्दुस्तान सोशलिस्ट रिपब्लिक एसोसिएशन के दो सदस्यों भगत सिंह और बटुकेश्वर दत्त ने 8 अप्रैल, 1929 ई. को केन्द्रीय विधानमण्डल में बहस के दौरान बम फेंका।
- 23 मार्च, 1931 ई. को भगतसिंह, सुखदेव और राजगुरु को ब्रिटिश सरकार द्वारा फांसी दी गई।

साइमन कमीशन

- 1919 ई. में एक्ट के अनुसार 1927 ई. में सर जॉन साइमन की अध्यक्षता में एक आयोग गठित किया गया, जिसमें कोई भारतीय सदस्य नहीं था।
- 1928 में साइमन कमीशन का भारत आगमन, कांग्रेस द्वारा बहिष्कार, विरोध प्रदर्शन में पुलिस की लाठी से लाला लाजपत राय की मृत्यु, सर्वदलीय सम्मेलन।
- साइमन कमीशन ने मई 1930 ई. में अपनी रिपोर्ट प्रस्तुत की, जिसके आधार पर लंदन के गोलमेज सम्मेलनों में विचार-विमर्श हुआ।

नेहरू रिपोर्ट

- साइमन कमीशन का बहिष्कार करने पर लार्ड वर्कनहेड ने भारतीयों को संविधान बनाने की चुनौती दी। भारतीय नेताओं ने इस चुनौती को स्वीकारते हुए फरवरी 1928 ई. में दिल्ली में सर्वदलीय सम्मेलन का आयोजन किया।
- सम्मेलन में इस आशय का प्रस्ताव पारित किया गया जिसमें एक ऐसे संविधान निर्माण की योजना थी, जिसमें पूर्ण उत्तरदायी सरकार की व्यवस्था निहित थी।

जिन्ना फार्मूला

- मुस्लिम लीग के नेता मुहम्मद अली जिन्ना ने नेहरू रिपोर्ट में मुसलमानों के लिए प्रथम निर्वाचक मण्डल की सुविधा न दिए जाने के कारण मुसलमानों की 14 मांगों का प्रपत्र जारी किया, जिसे 'जिन्ना का चौदह सूत्रीय फार्मूला' कहा जाता है।
- इनमें प्रमुख मांगें थीं—मुसलमानों के लिए प्रथम निर्वाचन की सुविधा, केन्द्रीय तथा प्रान्तीय मन्त्रिमण्डलों में मुसलमानों के लिए एक-तिहाई प्रतिनिधित्व, मुस्लिम बहुमत वाले प्रान्तों का पुनर्गठन, राज्य की सभी सेवाओं में मुसलमानों के लिए पदों का आरक्षण आदि।

कांग्रेस का लाहौर अधिवेशन

- 31 दिसम्बर, 1929 ई. को लाहौर में कांग्रेस का अधिवेशन आयोजित किया गया।
- इस अधिवेशन के अध्यक्ष पं. जवाहरलाल नेहरू थे, जिनकी अध्यक्षता में कांग्रेस ने नेहरू रिपोर्ट को निरस्त घोषित कर दिया।
- इस अधिवेशन में पं. जवाहर लाल नेहरू ने उद्घोषणा की कि, "आज हमारा केवल एक लक्ष्य है, 'स्वाधीनता का लक्ष्य।'

सविनय अवज्ञा आंदोलन

- 12 मार्च, 1930 ई. को महात्मा गांधी ने ऐतिहासिक नमक सत्याग्रह प्रारंभ करके सविनय अवज्ञा आंदोलन का पथ प्रशस्त किया।
- गांधीजी ने साबरमती आश्रम में अपने 78 अनुयायियों के साथ 'दांडी मार्च' किया।
- 24 दिन की लम्बी यात्रा के पश्चात् 6 अप्रैल 1930 ई. को दांडी में गांधीजी ने सांकेतिक रूप से नमक कानून तोड़ा, यहीं से सविनय अवज्ञा आंदोलन प्रारंभ हुआ।
- पश्चिमोत्तर सीमा प्रान्त में खान अब्दुल गफ्फार खां के नेतृत्व में सविनय अवज्ञा आंदोलन संचालित रहा। उनके द्वारा गठित 'खुदाई खिदमतगार' (लाल कुर्ती) संगठन ने सविनय अवज्ञा आंदोलन में महत्वपूर्ण भूमिका निभाई।

गांधी-इर्विन समझौता

- महात्मा गांधी और वायसराय इर्विन के मध्य 5 मार्च, 1931 ई. को एक समझौता हुआ, जिसे 'गांधी-इर्विन समझौता' के नाम से जाना जाता है।
- इस समझौते के फलस्वरूप कांग्रेस ने अपनी तरफ से सविनय अवज्ञा आन्दोलन समाप्त करने की घोषणा की तथा गांधीजी द्वितीय गोलमेज सम्मेलन में भाग लेने को तैयार हुए।
- गांधी-इर्विन समझौते को 'दिल्ली समझौता' भी कहा जाता है।

साम्प्रदायिक पंचाट : पूना समझौता

- 16 अगस्त 1932 ई. को विभिन्न सम्प्रदायों के प्रतिनिधित्व के विषय पर ब्रिटिश प्रधानमंत्री रैम्जे मैकडोनाल्ड ने एक पंचाट, जिसे 'कम्यूनल एवार्ड कहा गया, जारी किया।'
- इस पंचाट में पृथक् निर्वाचक पद्धति को न केवल मुसलमानों के लिए अपितु इसे दलित वर्गों पर भी लागू कर दिया गया।
- दलित वर्ग को पृथक् निर्वाचक मण्डल की सुविधा दिए जाने के विरोध में महात्मा गांधी ने जेल में ही 20 सितम्बर, 1932 ई. को आमरण अनशन प्रारंभ कर दिया।
- मदनमोहन मालवीय, डॉ. राजेन्द्र प्रसाद, पुरुषोत्तमदास, राजगोपालचारी के प्रयत्नों से 26 सितम्बर, 1932 ई. को गांधीजी और दलित नेता अम्बेडकर के बीच पूना समझौता हुआ।
- पूना समझौते के अनुसार दलितों के लिए पृथक् निर्वाचन व्यवस्था समाप्त हो गई।

अगस्त प्रस्ताव

- वायसराय लॉर्ड लिनलिथगो ने 8 अगस्त, 1940 ई. को 'अगस्त प्रस्ताव' की घोषणा की।
- इस प्रस्ताव में डोमिनियन स्टेटस, युद्ध की समाप्ति के उपरान्त एक प्रतिनिधि मूलक संविधान निर्मात्री सभा का गठन, वायसराय की कार्यकारिणी में भारतीय सदस्यों की संख्या में वृद्धि, एक युद्ध सलाहकार परिषद् का गठन आदि बातें निहित थीं।

क्रिप्स प्रस्ताव

- ब्रिटिश सरकार ने भारत के राजनीतिक एवं वैधानिक गतिरोध को दूर करने के लिए स्टैफर्ड क्रिप्स के नेतृत्व में एक मिशन भारत भेजा, जिसे क्रिप्स मिशन के नाम से जाना जाता है।
- 22 मार्च, 1942 ई. को क्रिप्स मिशन भारत पहुँचा। उसने सभी दलों से भेंट के पश्चात् कुछ प्रस्ताव प्रस्तुत किए जैसे—औपनिवेशिक राज्य की स्थापना, संविधान का गठन, प्रान्तों का पृथक् संविधान बनाने का अधिकार आदि। कांग्रेस और मुस्लिम लीग दोनों ने क्रिप्स प्रस्तावों को अस्वीकृत कर दिया।

- 11 अप्रैल, 1942 को ब्रिटिश सरकार ने क्रिप्स मिशन वापस ले लिया।

भारत छोड़ो आन्दोलन

- कांग्रेस ने बम्बई अधिवेशन में 8 अगस्त, 1942 को 'भारत छोड़ो' प्रस्ताव पारित किया।
- गांधीजी ने बम्बई के ग्वालिया टैंक मैदान से लोगों को 'करो या मरो' का नारा दिया।
- भारत छोड़ो आंदोलन के 9 अगस्त, 1942 ई. को प्रारंभ होते ही गांधी जी तथा अन्य शीर्ष नेताओं को गिरफ्तार कर लिया गया।

वेवेल योजना

- 'वेवेल योजना' में कहा गया था कि वायसराय एवं प्रधान सेनापति के अतिरिक्त वायसराय की परिषद के सभी सदस्य भारतीय होंगे।
- वायसराय की कार्यकारिणी परिषद् में मुसलमानों एवं हिन्दुओं को समान प्रतिनिधित्व मिलेगा और यह परिषद् एक अन्तरिम राष्ट्रीय सरकार की भांति होगी।

कैबिनेट मिशन

- 15 फरवरी, 1946 को कैबिनेट मिशन भारत आया। जुलाई 1946 में कैबिनेट मिशन योजना के अंतर्गत संविधान सभा के सदस्यों का चुनाव हुआ।
- मुस्लिम लीग ने कैबिनेट मिशन योजना को अस्वीकार कर दिया तथा 16 अगस्त, 1946 को प्रत्यक्ष कार्रवाई दिवस की घोषणा की।

एटली की घोषणा

- ब्रिटिश प्रधानमंत्री एटली ने हाउस ऑफ कॉमन्स में 20 फरवरी 1947 ई. को एक ऐतिहासिक घोषणा करते हुए कहा कि, अंग्रेज जून 1948 ई. के पहले ही उत्तरदायी लोगों को सत्ता हस्तान्तरित करने के उपरान्त भारत छोड़ देंगे।

माउन्टबेटन योजना और स्वतंत्रता प्राप्ति

- 22 मार्च, 1947 ई. को भारत के अंतिम ब्रिटिश गवर्नर जनरल (वायसराय) लार्ड माउन्टबेटन भारत आए।
- 3 जून, 1947 ई. को लार्ड माउन्टबेटन द्वारा एक योजना की घोषणा की गई, जिसे 'माउन्टबेटन योजना' के नाम से जाना जाता है।
- 'माउन्टबेटन योजना' मूलत: भारत विभाजन की योजना थी, इसमें उस प्रक्रिया का उल्लेख था, जिसके अंतर्गत अंग्रेजों द्वारा भारतीयों को सत्ता हस्तान्तरित की जानी थी।
- माउन्टबेटन योजना के आधार पर ब्रिटिश संसद ने 18 जुलाई, 1947 ई. को भारतीय स्वतंत्रता अधिनियम, 1947 पारित किया।
- इस अधिनियम द्वारा 15 अगस्त,1947 ई. को भारत का विभाजन हुआ तथा 14-15 अगस्त, 1947 ई. की मध्य रात्रि के समय भारत स्वतंत्र हो गया।

❑❑❑

2. भूगोल

- भूगोल को एक अलग अध्ययनशास्त्र के रूप में सुप्रसिद्ध यूनानी विद्वान इरैटोस्थनीज ने स्थापित किया। इन्हें 'भूगोल का पिता' कहा जाता है।

ब्रह्माण्ड

- **'सम्पूर्ण अन्तरिक्ष** (space) **और उसमें स्थित सभी प्रकार के द्रव्य व ऊर्जा ही सामूहिक रूप से ब्रह्माण्ड कहलाते हैं।'**
- ब्रह्माण्ड में लगभग एक खराब (10^{11}) आकाशगंगाएं (galaxies) हैं।
- **आकाशगंगा या मन्दाकिनी**—तारों का एक अति विशाल समूह जो लाखों प्रकाश वर्ष की लम्बाई-चौड़ाई में फैला होता है, **आकाशगंगा** या **मन्दाकिनी** कहलाता है।
- हमारी मन्दाकिनी जिसमें सूर्य स्थित है, **दुग्ध मेखला (Milkyway)** कहलाती है।

सौरमण्डल

- सौरमण्डल में 8 ग्रह हैं। सूर्य से बढ़ती दूरी के क्रम में इनके नाम हैं : **बुध** (Mercury), **शुक्र** (Venus), **पृथ्वी** (Earth), **मंगल** (Mars), **बृहस्पति** (Jupiter), **शनि** (Saturn), **अरूण** (Uranus) तथा **वरुण** (Neptune)।
- **क्षुद्र ग्रह**—मंगल तथा बृहस्पति ग्रहों की कक्षाओं के मध्य 1 से 1000 किमी के आकार की चट्टानों से बने पिण्डों की एक पट्टी-सी पाई जाती है जो सूर्य की परिक्रमा करती है। इनकी संख्या लगभग 50,000 है।
- सबसे बड़ा क्षुद्र ग्रह सेरस (Ceres) है जिसका व्यास 1,083 किलोमीटर है। क्षुद्र ग्रह को ग्रहिका भी कहते हैं।
- **धूमकेतु**—धूमकेतु गैस तथा धूल से बने पिण्ड होते हैं जो आकाश में चमकती हुई लम्बी पूंछ वाली चमकीली गेंद के समान दिखाई देते हैं।

- धूमकेतु सूर्य की परिक्रमा करते हैं, परन्तु इनका परिक्रमा काल बहुत अधिक होता है। सौरमण्डल में लगभग 1 लाख धूमकेतु हैं।

बुध (Mercury)

- बुध सूर्य का निकटतम ग्रह है।
- यह सौरमण्डल का तीव्रतम ग्रह है।
- बुध, चन्द्रमा के सदृश दिखाई देता है। बुध ग्रह का घनत्व 5.4 ग्राम प्रति घन सेमी है जोकि पृथ्वी के घनत्व के बराबर है।
- इस ग्रह का कोई उपग्रह नहीं है।

शुक्र (Venus)

- बुध ग्रह के बाद सूर्य के निकटतम यह दूसरा ग्रह है। शुक्र ग्रह का आकार लगभग पृथ्वी के समान है तथा यह पृथ्वी के निकटतम है।
- शुक्र ग्रह का कोई उपग्रह नहीं है।
- इसे भोर का तारा व **सांध्य तारा** भी कहते हैं क्योंकि यह भोर में या सायं को दिखाई देता है।

मंगल (Mars)

- इसकी मिट्टी में लौह ऑक्साइड पाया जाता है जिससे इसका रंग लाल हो गया है। अत: इसे लाल ग्रह भी कहते हैं।
- इस ग्रह के दो उपग्रह—फोबोस व डेमोस हैं।

सौरमण्डल : कुछ महत्वपूर्ण तथ्य

सबसे बड़ा ग्रह	बृहस्पति
सबसे छोटा ग्रह	यम
पृथ्वी का उपग्रह	चन्द्रमा
सूर्य से सबसे निकट ग्रह	बुध
पृथ्वी के सबसे निकट ग्रह	शुक्र
सबसे अधिक चमकीला ग्रह	शुक्र
सबसे अधिक चमकीला तारा	साइरस
सबसे अधिक उपग्रहों वाला ग्रह	बृहस्पति
सबसे अधिक भारी ग्रह	मंगल

सौरमण्डल का सबसे बड़ा उपग्रह	गेनिमेड
सौरमण्डल का सबसे छोटा उपग्रह	डी मोस
नीला ग्रह	पृथ्वी
लाल ग्रह	मंगल
भोर का तारा	शुक्र
सांझ का तारा	शुक्र
पृथ्वी की बहन	शुक्र
हरा ग्रह	वरुण
विशाल लाल धब्बे वाला ग्रह	बृहस्पति
सबसे बड़ा क्षुद्र ग्रह	सेरस

पृथ्वी (Earth)

- पृथ्वी सूर्य का तीसरा निकटतम ग्रह है।
- पृथ्वी का एक उपग्रह (चन्द्रमा) है।

पृथ्वी : प्रमुख तथ्य

सूर्य से दूरी : 14,95,98,900 किमी
सूर्य के प्रकाश का पृथ्वी तक पहुंचने का समय : 8 मिनट, 16.6 सेकेण्ड
प्रकाश-वर्ष : 9.4605×10^{15} मीटर
पृथ्वी की चन्द्रमा से औसत दूरी : 3,84,403 किमी
सागर की सबसे अधिक गहराई : 11,022 मीटर
पृथ्वी की अक्षीय घूर्णन अवधि : 23 घण्टा, 56 मिनट
पृथ्वी की परिक्रमण : 365 दिन, 5 घण्टा, 48 मिनट
पृथ्वी के अक्ष का कक्षा तल पर झुकाव : 23½°
पृथ्वी के अक्ष का कक्षा तल पर कोण : 66½°

बृहस्पति (Jupiter)

- बृहस्पति सौरमण्डल का सबसे बड़ा व भारी ग्रह है।
- इसके वायुमण्डल में मुख्यत: मिथेन, अमोनिया व हाइड्रोजन गैस पाई जाती है।

- बृहस्पति ग्रह के 67 उपग्रह हैं।
- इसका एक उपग्रह गेनीमेड सौरमण्डल में सबसे बड़ा उपग्रह है।

शनि (Saturn)

- शनि बृहस्पति के बाद सौरमण्डल का दूसरा सबसे बड़ा ग्रह है।
- इस ग्रह के 62 उपग्रह हैं। टाइटन नामक उपग्रह सबसे बड़ा है।
- शनि ग्रह के चारों ओर सुन्दर वलय (rings) पाए जाते हैं। इन वलयों की संख्या 10 है।

अरुण (Uranus)

- अरुण सूर्य से सातवां दूरतम ग्रह है। इस ग्रह की खोज 1781 में विलियम हरशेल ने की थी।
- शनि की भांति ही इस ग्रह के चारों ओर भी वलय पाए जाते हैं। इन वलयों में अल्फा, बीटा, गामा व एप्सीलान प्रमुख वलय हैं।
- इस ग्रह के 27 उपग्रह हैं।

वरुण (Nepture)

- यह सूर्य से आठवां दूरस्थ ग्रह है। इस ग्रह की खोज 1846 में जॉन गैले ने की थी।
- इस ग्रह के 13 उपग्रह हैं।

ग्रहों संबंधी जानकारी	
ग्रह	**उपग्रहों की संख्या**
बुध	0
शुक्र	0
पृथ्वी	1
मंगल	2
बृहस्पति	67
शनि	62
अरुण	27
वरुण	13

सूर्य

- यह मुख्यत: हाइड्रोजन और हीलियम गैसों से बना हुआ अत्यन्त गर्म स्वयं-प्रकाशमान तारा है।
- पृथ्वी इसके चारों ओर दीर्घवृत्ताकार कक्षा में परिक्रमा करती है जिससे उसके और सूर्य के बीच की दूरी बदलती रहती है।
- पृथ्वी से सूर्य की औसत दूरी 1.496×10^{11} मीटर होती है जिसे खगोलीय इकाई का नाम दिया गया है।
- सूर्य की **बाहरी सतह का तापमान**, जिसे **प्रकाश-मण्डल** (photosphere) **कहते हैं, लगभग** 5,770 **केल्विन** है।
- **सूर्य के केन्द्रीय भाग को कोर** (core) **कहा जाता है, यहीं पर ऊर्जा का उत्पादन मुख्य रूप से होता है।**

चन्द्रमा

- चन्द्रमा एक गोलाकार आकाशीय पिण्ड व पृथ्वी का प्राकृतिक उपग्रह है।
- पृथ्वी से इसकी सतह का केवल 59% भाग दिखाई देता है।
- चन्द्रमा का आकार पृथ्वी के आकार का लगभग ¼ है।
- प्रकाश किरण को चन्द्रमा से चलकर पृथ्वी तक पहुंचने में 1.3 सेकण्ड का समय लगता है।
- चन्द्रमा को पृथ्वी का एक चक्कर लगाने में 27 दिन, 7 घण्टा, 43 मिनट का समय लगता है। चन्द्रमा को अपनी अक्ष पर एक बार घूमने में भी ठीक इतना ही समय लगता है। यही कारण है कि हमें सदैव चन्द्रमा की एक ही सतह दिखाई देती है।

पृथ्वी की आकृति तथा संरचना

- पृथ्वी के भूमध्यरेखीय तथा ध्रुवीय व्यास क्रमश: 12,756 किमी तथा 12,713 किमी है।
- पृथ्वी के आन्तरिक भाग को तीन बृहत मण्डलों या पर्तों में विभाजित किया जा सकता है, ये तीन मण्डल या पर्तें इस प्रकार हैं—

1. **भू-पटल** (Crust)—यह पृथ्वी की सबसे बाहरी परत है। इसे **सिआल** (Sial) भी कहते हैं। यह **सिलिका + एल्युमिनियम** से निर्मित है।

- इसमें **अवसादी** एवं **ग्रेनाइट** चट्टानों की प्रधानता है।
- अनुमंडल में सिलिका और मैग्नेशियम की प्रधानता है।
- इसे **सीमा** (Sima) भी कहते हैं।
- इसमें बेसाल्ट शैलों की अधिकता है।
- **भू-क्रोड** (Core)—इस परत को **धात्विक क्रोड** या **गुरुमण्डल** भी कहते हैं।
- भू-क्रोड में **निकिल** एवं **फेरस** की प्रधानता है। इसे **निफे** (Nife) भी कहते हैं।

पृथ्वी की गतियां

- पृथ्वी एक पूरा चक्कर 23 घण्टे और 56 मिनट अर्थात् एक दिन में लगा पाती है। इस गति के कारण ही पृथ्वी पर रात तथा दिन होते हैं। चूंकि पृथ्वी अपनी धुरी पर 23½° अक्षांश झुकी है इसलिए रात-दिन वर्ष भर समान नहीं रहते हैं।
- जब पृथ्वी अपने अण्डाकार पथ से घूमकर सूर्य के चारों ओर एक चक्कर या परिक्रमा लगा लेती है तो इसे उसकी वार्षिक गति कहते हैं।
- पृथ्वी एक चक्कर एक वर्ष में या (365 दिन, 5 घण्टे, 48 मिनट या 365¼ दिन) में लगा पाती है। वार्षिक गति के कारण रात-दिन छोटे-बड़े होते हैं तथा ऋतु परिवर्तन होता है।
- ग्लोब पर उत्तर से दक्षिण की ओर खींची गई रेखाएं **देशान्तर रेखाएं** तथा पूर्व-पश्चिम दिशा में खींची गई रेखाएं अक्षांश रेखाएं कहलाती हैं।
- **चन्द्र ग्रहण** (Lunar Eclipse)—जब चन्द्रमा तथा सूर्य के मध्य पृथ्वी आ जाती है तो चन्द्रमा के कुछ भाग पर पृथ्वी की छाया

पड़ती है जिससे वह भाग दिखाई नहीं देता है। इसे ही चन्द्र ग्रहण कहते हैं। ऐसा केवल पूर्णिमा को ही होता है।

- **सूर्य ग्रहण** (Solar Eclipse)—जब सूर्य और पृथ्वी के मध्य चन्द्रमा आ जाता है तो पृथ्वी के कुछ भाग पर चन्द्रमा की छाया पड़ती है, वहां के मनुष्यों को सूर्य का कुछ भाग दिखाई नहीं देता है। इसे ही सूर्य ग्रहण कहते हैं।

चट्टान

- खनिज पदार्थों से युक्त कठोर, निक्षेप से बने पिण्ड जो पृथ्वी के धरातल की रचना करते हैं, **चट्टान** कहलाते हैं।
- चट्टान तीन प्रकार की होती हैं :

1. **आग्नेय चट्टानें:** जो पदार्थ पृथ्वी के गर्त से बाहर निकलकर, ठण्डे होकर ठोस हो जाते हैं, उन्हें आग्नेय चट्टानें कहते हैं।

- आग्नेय शैलों के प्रमुख उदाहरण हैं—ग्रेनाइट, बेसाल्ट, गैब्रो, आब्सीडियन, डायोराइट, डोलोराइट, एण्डेसाइट, पेरिडोटाइट, फेलसाइट, पिचस्टोन, प्यूमिस, परलाइट आदि।

2. **अवसादी चट्टानें:** नदियां अपने साथ जो मिट्टी बहाकर ले जाती हैं वह समुद्रतल में जमती जाती हैं और उसमें पर्त बनती जाती है।

- इनके मुख्य उदाहरण हैं— चिकनी मिट्टी की चट्टानें, रेत की चट्टानें आदि।

3. **कायांतरित चट्टानें:** पृथ्वी के अन्दर उपस्थित ताप तथा दबाव के कारण पर्तदार चट्टानें बहुत समय बाद परिवर्तित चट्टानों में बदल जाती हैं।

- इस प्रकार चूने की चट्टानें संगमरमर में, कार्बन या कोयले की चट्टानें हीरे में, चिकनी मिट्टी की चट्टानें स्लेट में तथा रेत की चट्टानें क्वार्टज में परिवर्तित हो जाती हैं।

विश्व के ऊंचे पर्वत शिखर

नाम	महाद्वीप	देश	पर्वतश्रेणी
माउण्ट एवरेस्ट	एशिया	नेपाल-तिब्बत	हिमालय
K-2 (गोडविन ऑस्टिन)	एशिया	भारत-काराकोरम	कंचनजंगा
लहोट्से	एशिया	नेपाल-तिब्बत	हिमालय
मकालू	एशिया	तिब्बत-नेपाल	हिमालय
धौलागिरि	एशिया	नेपाल	हिमालय
मनास्लू	एशिया	नेपाल	हिमालय
नंगा पर्वत	एशिया	नेपाल	हिमालय
अन्नपूर्णा	एशिया	नेपाल	हिमालय

विश्व के प्रमुख पठार

क्र.सं.	पठार का नाम	स्थिति
1.	पामीर या तिब्बत पठार	तिब्बत (चीन)
2.	प्रायद्वीपीय पठार	भारत
3.	अनातोलिया पठार	तुर्की
4.	शान पठार	म्यांमार (बर्मा)
5.	मध्य साइबेरिया पठार	रूस
6.	मंगोलियाई पठार	मंगोलिया व चीन
7.	कोलोरेडो पठार	संयुक्त राज्य अमेरिका
8.	पीडमाण्ट पठार	संयुक्त राज्य अमेरिका
9.	पैटागोनिया पठार	अर्जेण्टीना
10.	बोलीविया पठार	बोलिविया

विश्व के प्रमुख मैदान

मैदान का प्रकार	उदाहरण
कार्स्ट मैदान	सर्बिया एवं माण्टेनेग्रो
जलोढ़ मैदान	सिन्धु-गंगा का मैदान, मिसीसिपी का मैदान, नील का मैदान, डेन्यूब का मैदान, ह्वांगहो और यांग्टीजी का मैदान आदि।

लोयस का मैदान	उत्तरी चीन
तटीय मैदान	कोरोमण्डल तट, (भारत), फ्लोरिडा का मैदान (सं. रा. अमेरिका)
समप्राय मैदान	मध्य रूस का मैदान, पेरिस बेसिन

झील

- महाद्वीपों के मध्यवर्ती भाग अर्थात् धरातल पर उपस्थित जलपूर्ण भागों को झील कहा जाता है।
- भारत में कृष्णा तथा गोदावरी नदियों के बीच कोलेरू झील का निर्माण हो जाने से दोनों के डेल्टा क्षेत्रों का विकास हुआ है।
- भारत में उड़ीसा राज्य की चिल्का झील लैगून या अवरोधक झील का सर्वोत्तम उदाहरण है।
- क्षेत्रफल की दृष्टि से यूरेशिया की कैस्पियन सागर (क्षेत्रफल लगभग 3,86,400 वर्ग किमी) विश्व की सबसे बड़ी झील है।
- साइबेरिया की बेकाल झील (औसत गहराई 4,700 फीट) विश्व की सबसे अधिक गहरी झील है।
- उत्तरी अमेरिका की सुपीरियर झील विश्व की सबसे बड़ी **मीठे पानी** की झील है।
- तुर्की की लेक वॉन (लवणता 338%) विश्व की सर्वाधिक खारे पानी की झील है। मृत सागर की लवणता 243% है जो वॉन लेक के बाद दूसरे नम्बर की खारी झील है।
- कैस्पियन सागर विश्व की सबसे बड़ी खारे पानी की झील है।

विश्व की प्रमुख प्राकृतिक झीलें	
नाम	**स्थिति/देश**
कैस्पियन सागर	तुर्कमेनिस्तान, कजाखिस्तान, अजरबैजान तथा ईरान
सुपीरियर झील	कनाडा तथा सं. रा. अमेरिका
विक्टोरिया	युगाण्डा, तंजानिया तथा केन्या
अरल सागर	कजाखस्तान, उज्बेकिस्तान
हयूरन झील	कनाडा तथा सं. रा. अमेरिका

मिशिगन झील	संयुक्त राज्य अमेरिका
टंगानिका झील	जायरे, तंजानिया,जाम्बिया तथा बुरूण्डी
ग्रेट बियर झील	कनाडा
न्यासा झील	मलावी, मोजाम्बिक, तंजानिया

ज्वालामुखी

- ज्वालामुखी से तात्पर्य उस छिद्र या दरार से है जिससे होकर पृथ्वी के आन्तरिक भाग में स्थित लावा तथा अन्य पदार्थ ऊपर आते हैं, जबकि ज्वालामुखी उद्‌गार तथा उससे निकलने वाले पदार्थों के धरातल पर आने की क्रिया को **'ज्वालामुखी क्रिया'** कहते हैं।

विश्व के प्रमुख ज्वालामुखी	
नाम	**देश**
कोटोपेक्सी	इक्वेडोर (द. अमेरिका)
मोना लोवा	हवाई (मध्य प्रशान्त)
माउण्ट एटना	इटली
किलिमंजारो	तंजानिया
माउण्ट सेन्ट हेलेना	सं. रा. अमेरिका
अकांकागुआ	अर्जेण्टीना
चिम्बौराजो	इक्वाडोर

भूकम्प

- **उत्पत्ति केन्द्र** (Focus)—धरातल के नीचे जिस स्थान पर भूकम्प की घटना का प्रारम्भ होता है उसे भूकम्प का उत्पत्ति केन्द्र या भूकम्प-मूल कहा जाता है।
- **भूकम्प अधिकेन्द्र** (Epicentre)—भूकम्प मूल के ठीक ऊपर पृथ्वी तल का वह स्थान, जहां सबसे पहले भूकम्पीय तरंगों का पता चलता है, अधिकेन्द्र कहलाता है।

- **भूकम्पलेखी या भूकम्पमापी यन्त्र** (Seismograph)—जिस यन्त्र के द्वारा भूकम्पीय लहरों का अंकन किया जाता है उसे भूकम्पीय यन्त्र या सीस्मोग्राफ कहते हैं।
- विश्व के अधिकांश (63%) भूकम्प प्रशान्त महासागर तटीय पेटी में अनुभव किए जाते हैं। विश्व के 21% भूकम्प **मध्य महाद्वीपीय पेटी** में आते हैं।

विश्व के प्रमुख मरुस्थल		
क्र.सं.	**मरुस्थल का नाम**	**देश**
1.	**सहारा**	अल्जीरिया, चाड, लीबिया, माली, नाइजर, सूडान, टयूनीशिया, मिस्र, मोरक्को, लीबिया
2.	**अरेबियन**	सीरिया, यमन, सऊदी अरब
3.	**आस्ट्रेलियन**	आस्ट्रेलिया
4.	**गोबी**	मंगोलिया, उत्तर-पूर्वी चीन
5.	**कालाहारी**	बोत्सवाना
6.	**पेतागोनियन**	अर्जेन्टीना
7.	**रूबल खाली**	अरेबिया
8.	**ग्रेट विक्टोरिया**	पश्चिम एवं दक्षिण ऑस्ट्रेलिया
9.	**ग्रेट बेसिन**	दक्षिण-पूर्वी अमेरिका
10.	**चीहुआहुआन**	पूर्वी मेक्सिको

वायुमण्डल

- पृथ्वी तल के चारों ओर लगभग 800 किमी की ऊंचाई तक वायु का जो आवरण पाया जाता है उसे **वायुमण्डल** कहते हैं।

गैसें	**प्रतिशत**
नाइट्रोजन	78.03
ऑक्सीजन	20.99

ऑर्गन	0.93
कार्बन डाइ-ऑक्साइड	0.03
हाइड्रोजन	0.01

- **क्षोभमण्डल** (Troposphere)—यह 16 किलोमीटर की ऊंचाई तक फैला हुआ वायुमण्डलीय भाग है।
- इस भाग में सबसे अधिक उथल-पुथल होती है, जैसे आंधी का चलना, बादलों का बनना, वर्षा होना आदि। इसीलिए इसे क्षोभमण्डल कहा जाता है।
- मौसम सम्बन्धी अधिकांश परिवर्तनों के लिए क्षोभमण्डल ही उत्तरदायी है।
- **समतापमण्डल** (Stratosphere)—यह भाग 16 किमी से 50 किमी की ऊंचाई तक फैला हुआ है।
- पृथ्वी तल से लगभग 10 किलोमीटर से 50 किमी की ऊंचाई तक ओजोन गैस विद्यमान है, अत: इसे ओजोन मण्डल भी कहते हैं।
- इस भाग में ताप लगभग एक समान होते है, इसीलिए इसे समतापमण्डल कहते हैं।
- **मध्यमण्डल** (Mesosphere)—यह भाग पृथ्वी तल से 50 किमी से 80 किमी की ऊंचाई तक फैला हुआ है।
- **आयन मण्डल अथवा तापमण्डल** (Ionosphere of Thermosphere)—यह भाग पृथ्वीतल से 80 किमी की ऊंचाई से 500 किमी की ऊंचाई तक फैला हुआ है।
- इस भाग में सूर्य से आने वाली एक्स किरणों तथा परा बैंगनी किरणों द्वारा वायु आयनित (ionised) हो जाती है जिससे इस भाग में मुख्यत: इलेक्ट्रॉन तथा आयन (आवेशित परमाणु) ही पाए जाते हैं।

सूर्यातप

- पृथ्वी पर पहुंचने वाले सौर विकिरण को ही **सूर्यातप** (insolation) कहते हैं। यह ऊष्मा या लघु तरंगों के रूप में पृथ्वी पर पहुंचती है।

- वायुमण्डल की सबसे बाह्य परत पर पहुंचने वाली कुल सौर विकिरित ऊर्जा का 51% भाग ही पृथ्वी को प्रत्यक्ष एवं अप्रत्यक्ष रूप से प्राप्त होता है।
- जबकि शेष 49% भाग वायुमण्डल से गुजरते समय गैस कणों एवं धूलकणों से बिखरकर, बादलों में परिवर्तित होकर तथा जलवाष्प द्वारा अवशोषित होकर मार्ग में ही रूक जाता है।

वायुदाब

- स्थल या सागर के प्रति इकाई क्षेत्र में वायु जो भार डालती है, उसे वायु दाब कहते हैं।
- इसे वायुदाबमापी (Barometer) से मापा जाता है। वायुदाब और इसके वितरण को नियन्त्रित करने वाले प्रमुख कारक तापमान, समुद्र तल से ऊंचाई, पृथ्वी की घूर्णन गति तथा जलवाष्प हैं।

वायुदाब की पेटियां

1. **विषुवतरेखीय निम्न वायुदाब की पेटी**—विषुवत रेखा से 10 डिग्री उत्तरी और दक्षिणी अक्षांशों के मध्य यह एक **ताप जनित पेटी** है।

- यहां साल भर तापमान ऊंचे रहते हैं, अत: वायुदाब कम रहता है।
- इसे **शान्त पेटी** (Doldrums) भी कहते हैं।

2. **उपोष्ण उच्च वायुदाब की पेटियां**—कर्क और मकर रेखाओं से लगभग 35 डिग्री उत्तरी और दक्षिणी अक्षांशों के मध्य ये दो पेटियां स्थित हैं।

- यह पृथ्वी की घूर्णन गति के कारण उत्पन्न वायुदाब की पेटी है।

3. **उपध्रुवीय निम्न वायुदाब की पेटियां**—ये गति जनित वायुदाब की पेटियां आर्कटिक और अण्टार्कटिक वृत्तों से 45 डिग्री उत्तरी और दक्षिणी अक्षांशों तक विस्तृत हैं।
4. **ध्रुवीय उच्च वायुदाब की पेटियां**—ध्रुवों के निकट निम्न तापमान के कारण वायुदाब सदैव उच्च रहता है।

- अत: दोनों गोलार्द्धों में स्थित ये पेटियां ताप जनित हैं।

- **स्थायी पवन:** वायुदाब के अक्षांशीय अन्तर के कारण एक कटिबन्ध से दूसरे कटिबन्ध की ओर लगातार वर्ष भर बहने वाली पवनों को स्थायी या प्रचलित या भूमण्डलीय पवनें कहते हैं। वर्ष भर ये पवनें नियत दिशा में चलती हैं।
- स्थायी पवनें निम्नलिखित हैं :
  1. **व्यापारिक अथवा सन्मार्गी पवनें** (Trade Winds)—भूमध्यरेखीय निम्न वायुदाब कटिबन्ध की ओर दोनों ही गोलार्द्धों में उपोष्ण उच्च वायुदाब कटिबन्धों से निरन्तर बहने वाली पवन को **व्यापारिक पवन** कहते हैं।
  2. **पछुआ पवनें** (Westerlies)—अयनवृत्तीय अथवा उपोष्ण उच्च वायुदाब कटिबन्ध से उपध्रुवीय न्यून वायुदाब कटिबन्ध की ओर बहने वाले पवन को पश्चिम दिशा में बहने के कारण **पछुआ पवन** कहते हैं।
  3. **ध्रुवीय पवनें** (Polar Winds)—ध्रुवीय उच्च वायुदाब कटिबन्ध से उपध्रुवीय न्यून वायुदाब कटिबन्ध की ओर बहने वाली पवनों को **ध्रुवीय पवनें** कहते हैं।
- **सामयिक पवनें** (Periodical Winds)—मौसम के परिवर्तन के साथ जिन पवनों की दिशा बदलती है, उन्हें सामयिक पवनें कहते हैं।
- मानसूनी पवन, समुद्री एवं स्थलीय समीर तथा पर्वत एवं घाटी समीर सामयिक पवनों के प्रमुख उदाहरण हैं।

आर्द्रता और वर्षा

- वायुमण्डल में विद्यमान अदृश्य जलवाष्प की मात्रा को **आर्द्रता** कहते हैं।
- वायु का तापमान जितना अधिक होगा, उसमें वाष्प धारण करने की क्षमता उतनी ही बढ़ जाएगी। यही कारण है कि शीत ऋतु की अपेक्षा ग्रीष्म ऋतु में वायु अधिक वाष्प ग्रहण करती है।

- वायु की प्रति इकाई आयतन में विद्यमान जलवाष्प की मात्रा को **निरपेक्ष आर्द्रता** (Absolute Humidity) कहते हैं। इसे ग्राम प्रति घनमीटर में अभिव्यक्त किया जाता है।
- यदि वायु संतृप्त अवस्था में पहुंच जाने के बाद भी उत्तरोत्तर ठण्डी होती जाए और जलवाष्प से जल बनाने की प्रक्रिया प्रारम्भ हो जाए तो **संघनन** (Condensation) प्रारम्भ हो जाता है।
- वायु में जिस तापमान पर संघनन प्रारम्भ होता है उस तापमान को **ओसांक** (Dew Point) कहते हैं।
- जल के द्रव से गैसीय अवस्था में परिवर्तन की प्रक्रिया को **वाष्पीकरण** कहते हैं।
- जल के गैसीय अवस्था से द्रव अथवा ठोस अवस्था में बदलने की प्रक्रिया को **संघनन** कहते हैं।
- ओस, पाला, कुहरा, कुहासा, बादल, वृष्टि, आदि संघनन के विविध रूप हैं।

वर्षा के प्रकार

- **संवहनीय वर्षा**—गर्म होने पर हवा हल्की हो जाती है और संवहन धाराओं के रूप में ऊपर उठ जाती है। ऊपर उठकर यह फैल जाती है जिससे इसका तापमान गिर जाता है और संघनन क्रिया प्रारम्भ हो जाती है।
- संघनन की क्रिया से बादल बनते हैं और वर्षा होती है।
- यह वर्षा उष्ण और शीतोष्ण खण्डों के भीतरी भागों में केवल ग्रीष्मऋतु में होती है।
- **चक्रवातीय वर्षा**—चक्रवातों के कारण होने वाली वर्षा को चक्रवातीय वर्षा कहते हैं। यह वर्षा धीरे-धीरे होती है। उत्तरी भारत में होने वाली वर्षा चक्रवातीय वर्षा ही होती है।
- **पर्वतीय वर्षा**—गर्म और आर्द्र वायु जब पर्वत श्रेणी जैसे स्थलाकृतिक अवरोधों से टकराती है तो बाध्य होकर ऊपर उठती है, इससे जो वर्षा होती है उसे पर्वतीय वर्षा कहते हैं।

- इस प्रकार की वर्षा में वायु-विमुख ढाल शुष्क रह जाते हैं और **वृष्टि–छाया** क्षेत्रों (Rain-shadow zone) की श्रेणी में आ जाते हैं।

महासागरीय धाराएं

- समुद्री सतह की विशाल जल-राशि की एक निश्चित दिशा में होने वाली सामान्य गति को **महासागरीय धारा** कहते हैं।
- समुद्र में चलने वाली धाराएं दो प्रकार की होती हैं—

  (i) **गरम धाराएं**—जो धाराएं भूमध्य रेखा से ध्रुवों की ओर चलती हैं, वे अपने आस-पास के जल से गरम होती हैं। अत: ये गरम धाराएं कहलाती हैं: जैसे—गल्फस्ट्रीम और ब्राजील की धारा।

  (ii) **ठण्डी धाराएं**—जो धाराएं ध्रुवों की ओर से भूमध्य रेखा की ओर चलती हैं, वे अपने आस-पास के जल से अधिक ठण्डी होती हैं, इसलिए वे ठण्डी धाराएं कहलाती हैं।

ज्वार-भाटा

- सूर्य और चन्द्रमा की आकर्षण-शक्ति के कारण समुद्र-तल के नियमित रूप से ऊपर उठने और नीचे गिरने की क्रिया को **ज्वार-भाटा** कहते हैं।
- **गुरुत्वाकर्षण शक्ति** एवं पृथ्वी के **अपकेन्द्रीय बल** (Centrifugal Force) दोनों के प्रभावों से ही पृथ्वी के सागर तल पर प्रतिदिन दो बार ज्वार एवं दो बार भाटा आता है।
- **दीर्घ अथवा उच्च ज्वार** (Spring Tide)—अमावस्या (New moon) और पूर्णिमा (Full moon) के दिन सूर्य, चन्द्रमा और पृथ्वी तीनों एक सीध में होते हैं। अत: इन तिथियों पर सूर्य और चन्द्रमा का पृथ्वी पर संयुक्त प्रभाव होता है।
- अत: इन तिथियों पर अन्य दिवसों की अपेक्षा ज्वार अधिक ऊंचाई तक उठता है।
- **लघु ज्वार या निम्न ज्वार** (Neap Tide)—शुक्ल और कृष्ण पक्ष की सप्तमी या अष्टमी को सूर्य और चन्द्रमा पृथ्वी के केन्द्र पर समकोण बनाते हैं।

- इस कारण सूर्य और चन्द्रमा दोनों ही पृथ्वी के जल को भिन्न दिशाओं की ओर प्रभावित करते हैं, जिससे ज्वार की साधारण ऊंचाई में भी कमी आ जाती है।
- **पृथ्वी की घूर्णन गति** और **चन्द्रमा की परिक्रमण गति** की वजह से दो ज्वारों के बीच का अन्तराल ठीक 12 घण्टे का न होकर 12 घण्टे 26 मिनट का होता है।

विश्व के महाद्वीप

एशिया

- यह विश्व का सबसे बड़ा महाद्वीप है जो पृथ्वी की लगभग एक-तिहाई स्थल भूमि को घेरे हुए है।
- यह सर्वाधिक जनसंख्या वाला महाद्वीप है। एशिया में विश्व की सर्वाधिक जनसंख्या वाला देश चीन है।
- एशिया में विश्व का सबसे ऊंचा पर्वत शिखर हिमालय पर्वतमाला श्रेणी का माउण्ट एवरेस्ट (8,848 मी) नेपाल में स्थित है।
- एशिया में क्षेत्रफल की दृष्टि से सबसे बड़ा देश चीन तथा सबसे छोटा देश मालदीव है।
- एशिया में फिलीपींस द्वीप समूह के पास विश्व का सबसे गहरा सागरीय गर्त प्रशान्त महासागर में स्थित मेरियाना गर्त (11,776 मी. गहरा) है।
- एशिया महाद्वीप में विश्व का सर्वाधिक वर्षा वाला क्षेत्र मासिनराम (11,405 मिमी) मेघालय, भारत में स्थित है। इससे पहले चेरापूंजी सर्वाधिक वर्षा वाला स्थान था।
- एशिया का सबसे गर्म नगर जैकोबाबाद (59°C पाकिस्तान) है।
- लाल सागर एवं भूमध्य सागर को जोड़ने वाला नहर स्वेज नहर है।

अफ्रीका

- यह दूसरा सबसे बड़ा महाद्वीप है।
- अफ्रीका में उष्ण कटिबंधीय लंबी और मोटी घास के क्षेत्र को सवाना कहते हैं।

- अफ्रीका ही एकमात्र ऐसा महाद्वीप है, जिससे होकर कर्क व मकर रेखाएं गुजरती हैं।
- विश्व की हीरे की सबसे बड़ी खान किम्बरले (दक्षिण अफ्रीका) में स्थित है।
- अफ्रीका महाद्वीप का ट्रान्सवाल क्षेत्र विश्व के प्रमुख सोना उत्पादक क्षेत्रों में सबसे बड़ा है।
- क्षेत्रफल की दृष्टि से अफ्रीका महाद्वीप में सूडान सबसे बड़ा व मेओटो सबसे छोटा देश है।

यूरोप

- एबरडीन (स्काटलैण्ड) को ग्रेनाइट सिटी के नाम से जाना जाता है।
- नार्वे को मध्य रात्रि के सूर्य (The land of Midnight Sun) का देश कहा जाता है।
- रोम को शाश्वत नगर (Eternal city) के नाम से पुकारा जाता है।
- स्विट्जरलैण्ड को यूरोप का खेल का मैदान कहा जाता है।
- क्षेत्रफल की दृष्टि से विश्व का सबसे बड़ा नगर लन्दन है। इसका क्षेत्रफल 700 वर्ग मील अथवा 1,820 वर्ग किमी है।
- डेनमार्क विश्व में डेयरी उद्योग का सबसे बड़ा केन्द्र है।
- उत्तरी सागर के डॉगर बैंक और ग्रेट फिशर बैंक महत्वपूर्ण मत्स्य ग्रहण क्षेत्र हैं।
- यूरोप का सबसे महत्वपूर्ण रेलमार्ग ओरियण्ट रेल मार्ग है। यह फ्रांस के पेरिस नगर से तुर्की के कुस्तुन्तुनिया नगर (इस्ताम्बुल) तक है।
- पौलेण्ड व जर्मनी के बीच की रेखा को हिण्डरवर्ग रेखा कहते हैं।

उत्तरी अमेरिका

- उत्तरी अमेरिका के आन्तरिक भागों में पायी जाने वाली **घास भूमियों** को संयुक्त राज्य अमेरिका एवं कनाडा में **प्रेयरीज** कहते हैं।

- उत्तरी अमेरिका में न्यूफाउण्डलैण्ड तट के समीप **ग्रैंड बैंक मत्स्य ग्रहण** क्षेत्र विश्व में सबसे बड़ा क्षेत्र है।
- **डेट्रायट** (संयुक्त राज्य अमेरिका) विश्व में मोटर गाडियां बनाने का सबसे बड़ा केन्द्र है। यह मिशिगन प्रान्त में स्थित है।
- संयुक्त राज्य अमेरिका विश्व में क्षेत्रफल और जनसंख्या की दृष्टि से तीसरा बड़ा देश है।
- शिकागो (संयुक्त राज्य अमेरिका) संसार का सबसे बड़ा रेलवे जंक्शन है। यह इलीनॉयस प्रान्त में है।
- ग्रीनलैण्ड और कनाडा के बैफिन द्वीप को डेविस जलडमरूमध्य जोड़ता है।

दक्षिण अमेरिका

- दक्षिण अमेरिका में विषुवत्तरेखीय वर्षा वन अधिक पाए जाते हैं। इन वनों का स्थानीय नाम सेल्वास है।
- बोलीविया की राजधानी लापाज विश्व की सबसे ऊँचाई पर स्थित राजधानी है।
- विश्व में तांबा अयस्क का सबसे बड़ा उत्पादक देश चिली है।
- इस महाद्वीप में क्षेत्रफल की दृष्टि से **ब्राजील** सबसे बड़ा एवं फॉकलैण्ड सबसे छोटा देश है।

ऑस्ट्रेलिया

- इस महाद्वीप में ऑस्ट्रेलिया, न्यूजीलैण्ड तथा प्रशान्त द्वीप सम्मिलित हैं।
- यूकेलिप्टस आस्ट्रेलिया का सामान्य वृक्ष है। यह सदा हरा रहने वाला वृक्ष है और इसे प्राय: गम (गोंद) वृक्ष के नाम से पुकारा जाता है।
- सिडनी ऑस्ट्रेलिया का सबसे बड़ा नगर और बन्दरगाह है।

अण्टार्कटिका

- यह महाद्वीप हिमाच्छादित है।
- इसका उच्चतम स्थान विन्सन मैसिफ 5,140 मीटर ऊंचा है।

विश्व के प्रमुख स्थानों के भौगोलिक उपनाम

उपनाम	:	नाम
ग्रेनाइट सिटी	:	एवरडीन (स्कॉटलैण्ड)
नील नदी का वरदान	:	मिस्र
पिरामिड का देश	:	मिस्र
इंग्लैण्ड का उद्यान	:	केण्ट
निषिद्ध शहर	:	ल्हासा (तिब्बत)
एण्टिलीज का मोती	:	क्यूबा
सफेद हाथियों का देश	:	थाईलैण्ड
सूर्योदय का देश	:	जापान
मध्यरात्रि के सूर्य का देश	:	नार्वे
प्रात: कालीन शान्ति की भूमि	:	कोरिया
स्वर्णिम पैगोडा का देश	:	म्यांमार
कंगारूओं का देश	:	ऑस्ट्रेलिया
झीलों का देश	:	फिनलैण्ड
यूरोप का हृदय/स्वर्ग	:	स्विट्जरलैण्ड
दक्षिण का ब्रिटेन	:	न्यूजीलैण्ड
लौंग का द्वीप	:	जंजीबार (अफ्रीका)
सात पहाडियों का नगर	:	रोम
एम्पायर सिटी	:	न्यूयार्क
अट्टालिकाओं का शहर	:	न्यूयार्क
पूरब का मोती	:	सिंगापुर
पश्चिम का बेबीलोन	:	रोम
इटर्नल सिटी (शाश्वत नगर)	:	रोम
हरमिट किंगडम	:	कोरिया
लैण्ड ऑफ थण्डरबोल्ट	:	भूटान

चीनी का कटोरा	:	क्यूबा
उत्तर का वेनिस	:	स्टॉकहोम
डूबते सूर्य का देश	:	ब्रिटेन
पोप का शहर	:	रोम
संगमरमर की भूमि	:	इटली
पूर्व का मैनचेस्टर	:	ओसाका (जापान)
हाथियों का देश	:	लाओस
यूरोप का अखाड़ा	:	बेल्जियम
मोतियों का द्वीप	:	बहरीन
पवित्र भूमि	:	येरुशलम/फिलिस्तीन
संसार की छत	:	पामीर का पठार
यूरोप का रोगी	:	तुर्की
चीन का शोक	:	ह्वांग्हो नदी
श्वेत शहर	:	बेलग्रेड (सर्बिया)
गोरों की कब्र	:	गिनी तट
विश्व की रोटी की टोकरी	:	प्रेयरीज (उ. अमेरिका)
हीरों का देश	:	दक्षिण अफ्रीका
अग्नि द्वीप	:	आइसलैण्ड
पवित्र पर्वत	:	फ्यूजीयामा (जापान)
प्यासी भूमि का देश	:	ऑस्ट्रेलिया
श्वेत महाद्वीप	:	एण्टार्कटिका
कोयला नदी	:	राइन नदी (यूरोप)
तेल की नदी	:	नाइजर नदी (रूस)
पूर्व का शासक	:	ब्लाडीवोस्टक (रूस)
प. एशिया का स्विटजरलैण्ड	:	लेबनान
हवामहल का शहर	:	शिकागो

स्वप्निल मीनारों का शहर	:	ऑक्सफोर्ड
स्वर्णिम द्वार का शहर	:	सैन फ्रांसिस्को

विश्व के प्रमुख निर्माण उद्योग व उनके प्रमुख उत्पादक देश

उद्योग	**प्रमुख उत्पादक देश**
लौह-इस्पात उद्योग	चीन रूस, भारत, जापान, सं. रा. अमेरिका
सूती वस्त्र उद्योग	चीन, भारत, रूस, सं. रा. अमेरिका
ऊनी वस्त्र उद्योग	रूस, चीन, जापान, सं. रा. अमेरिका, आस्ट्रेलिया, कनाडा, न्यूजीलैण्ड
रेशमी वस्त्र उद्योग	चीन, जापान, रूस
रासायनिक उद्योग	सं. रा. अमेरिका, रूस, जापान, चीन
कागज निर्माण	सं. रा. अमेरिका, रूस, कनाडा
सीमेण्ट	रूस, जापान, सं. रा. अमेरिका, चीन, भारत
एल्युमिनियम	सं. रा. अमेरिका, रूस
तांबा	चिली, सं. रा. अमेरिका
टिन	थाइलैंड, मलेशिया, ब्राजील

विश्व के प्रमुख खनिज उत्पादक देश

खनिज	**उदपादक देश**
कोयला	चीन, संयुक्त राज्य अमेरिका व भारत
लौह अयस्क	चीन, ब्राजील व आस्ट्रेलिया
बॉक्साइट	आस्ट्रेलिया, गुयाना व ब्राजील
तांबा	चिली, संयुक्त राज्य अमेरिका व इण्डोनेशिया
सोना	दक्षिण अफ्रीका, संयुक्त राज्य अमेरिका व आस्ट्रेलिया
मैंगनीज	चीन, दक्षिणी अफ्रीका व यूक्रेन
चांदी	मैक्सिको, पेरू व चीन
टिन अयस्क	चीन, इण्डोनेशिया व पेरू

टंगस्टन	चीन, रूस, व आस्ट्रिया
यूरेनियम	कनाडा, रूस, दक्षिण अफ्रीका, चीन
पेट्रोलियम	सऊदी अरब, रूस, सं. रा. अमेरिका
अभ्रक	दक्षिण कोरिया, सं. रा. अमेरिका, चीन

भारत का भौतिक भूगोल

- भारत एशिया के दक्षिणी भाग में 8°4' उत्तरी अक्षांश से 37°6' उत्तरी अक्षांश तक फैला हुआ है।
- पूर्व से पश्चिम तक यह 68°7' पूर्वी देशान्तर से 97°25' पूर्वी देशान्तर तक स्थित है।
- कर्क रेखा (23°30' उत्तरी अक्षांश) इसके मध्य से गुजरती है।
- इसकी लम्बाई पूर्व से पश्चिम तक 2,933 किलोमीटर तथा उत्तर से दक्षिण तक 3,214 किलोमीटर है।
- इसकी समस्त भूमि सीमा 15,200 किलोमीटर है तथा लक्षद्वीप समूह और अण्डमान व निकोबार द्वीप समूह के सागर तट सहित कुल समुद्र तट 7,516.5 किलोमीटर है।
- यद्यपि भारत की मुख्य भूमि का दक्षिणी छोर कन्याकुमारी है, परन्तु भारत का **दक्षिणतम बिंदु इन्दिरा प्वाइन्ट** ग्रेट निकोबार द्वीप में स्थित है।
- भारत का कुल क्षेत्रफल 32,87,263 वर्ग किमी है।
- विश्व के कुल भौगोलिक क्षेत्रफल का भारत के पास 2.4% भाग है, जबकि विश्व की जनसंख्या का लगभग 17% भाग भारत में निवास करता है।
- हिमालय की तलहटी वाले भू-भाग को **भाबर** और **तराई** कहा जाता है।
- **भाबर** (Bhabar)—नदियों द्वारा लाई गई कंकरीली बलुई मिट्टी का निक्षेप भाबर कहलाता है। भाबर में छोटी जलधाराएं विलुप्त हो जाती हैं।

- **तराई**—भाबर के बाद कोमल एवं चिकनी मिट्टी का निक्षेप तराई कहलाता है।
- **बांगर** (Bangar)—पुराने जलोढ़ों द्वारा निक्षेपित भाग को बांगर कहते हैं।
- **खादर** (Khadar)—नदियों की नई तलछट द्वारा निर्मित भाग को खादर कहते हैं। ये भाग उपजाऊ होते हैं। पूर्वी उत्तर प्रदेश, बिहार व पश्चिम बंगाल में खादरों की अधिकता है।
- **प्रायद्वीपीय पठार**—प्रायद्वीप के एक तरफ पूर्वी घाट है जहां औसत ऊंचाई 610 मीटर तक है और दूसरी और पश्चिमी घाट है जहां यह ऊंचाई साधारणत: 915 से 1,220 मीटर तक है।
- इसके पूर्व में महानदी, गोदावरी, कृष्णा तथा कावेरी नदियां तथा पश्चिम में नर्मदा तथा ताप्ती नदियां प्रवाहित होती हैं। इस क्षेत्र में वर्षा कम होती है।
- यह पठार विश्व के प्राचीनतम 'गौण्डवाना लैण्ड' का अंग है।
- सतपुड़ा पर्वत श्रेणी के मुख्य शिखर हैं : पंचमढ़ी (1,334 मीटर), अमरकंटक (1,192 मीटर) तथा धूपगढ़ (1,480 मीटर)।
- **तटीय प्रदेश**—इसमें **पूर्वी तथा पश्चिमी घाट** आते हैं। यहां का मुख्य व्यवसाय कृषि है।
- यहां वर्षा पर्याप्त होती है और तटों पर मछलियां भी पकड़ी जाती हैं।
- पश्चिमी घाट को **'सहयाद्रि पर्वत'** भी कहते हैं। इसकी औसत ऊंचाई 1,000 मीटर है।
- पूर्वी घाट में मुख्य पर्वत शिखर **महेन्द्रगिरि** (1,500 मीटर) है। नीलगिरि पहाड़ियां पूर्वी व पश्चिम घाट को मिलाती हैं। दमन से गोवा तक लावा द्वारा निर्मित **कोंकण का मैदान** है।

भारत की जलवायु

- सामान्यत: भारत में मानसूनी जलवायु पाई जाती है।

- भारत की स्थिति भूमध्य रेखा के उत्तर में है एवं कर्क रेखा इसके मध्य भाग से होकर गुजरती है।
- मकर रेखा से चलने वाली व्यापारिक हवाएं भूमध्य रेखा को तेजी से पार करके भारत में मानसून के नाम से प्रवेश करती हैं और पश्चिमी तट पर तथा असम से कश्मीर तक पर्याप्त वर्षा करती हैं।
- ग्रीष्मकाल में मानसून के आगमन से पूर्व जो वर्षा होती है उसे पूर्व-मानसून वर्षा या **मैंगो शावर** कहते हैं। इसी वर्षा को असम में 'टी शावर' कहते हैं।
- उत्तर-पश्चिम भारत के शुष्क भागों में ग्रीष्म काल में चलने वाली गर्म व शुष्क हवाओं को 'लू' (loo) कहते हैं।

भारत के वनस्पति प्रदेश

- **पर्वतीय वन**—हिमालय पर पाए जाने वाले वन इस श्रेणी में आते हैं।
- यहां 1,220 मीटर की ऊंचाई तक के प्रदेश में घने सदाबहार के वन पाए जाते हैं जो उष्ण कटिबन्ध के वनों के समान हैं। इसमें बांस, सागौन, रोजवुड, फर्न, आदि के वृक्ष हैं।
- 3,600 मीटर की ऊँचाई तक पाए जाने वाले वन कोणधारी हैं जिनके वृक्ष देवदार, फर, पाइन, स्प्रूस, आदि हैं।
- **उष्ण कटिबन्धीय सदाबहार वन**—इनमें अधिक वर्षा तथा ताप के कारण बांस, शीशम, नारियल, सिनकोना, बेंत, आदि के वृक्ष मिलते हैं।
- ये वन असम, पश्चिमी तट तथा पूर्वी हिमालय में पाए जाते हैं।
- **मानसूनी या पतझड़ वाले वन**—यह वन तराई, पश्चिम बंगाल, बिहार, पूर्वीतट, उड़ीसा, आदि में पाए जाते हैं। इनमें साल, सागौन, आम, महुआ, सेमल, शहतूत, आदि मुख्य वृक्ष हैं।
- सागौन के वन महाराष्ट्र व कर्नाटक में बहुत हैं।
- **मरूस्थलीय वन**—अत्यन्त कम वर्षा के प्रदेशों में मरूस्थलीय वनस्पति पाई जाती है।

- इसके प्रदेश राजस्थान, पश्चिमी उत्तर प्रदेश, दक्षिण पंजाब, तमिलनाडु, आदि हैं।
- **डेल्टा वन**—यहां भूमि दलदली होने के कारण मैंग्रोव, हैरीटीरिया तथा सुन्दरी के वृक्ष उगते हैं।
- यह गंगा, महानदी, गोदावरी, कृष्णा, कावेरी की डेल्टाओं में पाए जाते हैं।

भारत की मिट्टियां

- भारतीय कृषि अनुसन्धान परिषद दिल्ली ने भारत की मिट्टियों को जलवायु, वर्षा, प्रवाह-प्रणाली, आदि के आधार पर 8 भागों में बांटा है।
- **लाल मिट्टी**—यह मिट्टी मध्य प्रदेश के बुन्देलखण्ड से लेकर सुदूर दक्षिण तक पाई जाती है। इसका क्षेत्र लगभग 2 लाख वर्ग किमी है।
- **इस मिट्टी में लोहे के अंश होते हैं जिसके कारण इसका रंग लाल होता है।**
- **काली मिट्टी**—इस मिट्टी का निर्माण लावा शैलों की तोड़-फोड़ की प्रक्रिया द्वारा हुआ है।
- इसमें रासायनिक तथा खनिज तत्वों का बाहुल्य होता है, इसलिए इसका रंग काला होता है।
- इसमें कपास की खेती अच्छी होती है। इसीलिए इसे कपास मिट्टी या रेगर मिट्टी भी कहते हैं।
- इसका अधिकांश भाग महाराष्ट्र व गुजरात में है। पश्चिमी मध्य प्रदेश, उत्तरी कर्नाटक, पश्चिमी आन्ध्र प्रदेश तथा तमिलनाडु में यह मिट्टी विस्तृत है।
- काली मिट्टी की सबसे बड़ी विशेषता यह है कि यह पानी को बहुत समय तक धारण कर सकती है।
- **लैटेराइट मिट्टी**—यह मिट्टी ईंट के समान दिखाई पड़ती है, अत: लैटेराइट मिट्टी कहलाती है तथा यह मॉनसूनी वर्षा के उष्णकटिबन्धीय प्रदेश की विशेष मिट्टी है।
- यह मिट्टी ऐलुमिना और लोहे के ऑक्साइड के मिश्रण से बनती है।

- भारत में यह मिट्टी लगभग 1.22 लाख वर्ग किमी क्षेत्र में विस्तृत है।
- **जलोढ़ मिट्टी**—भारत के उत्तरी भाग में जलोढ़ मिट्टी का विस्तार है।
- यह मिट्टी पंजाब, हरियाणा, उत्तर-पूर्वी राजस्थान, उत्तर प्रदेश (उत्तराखण्ड को छोड़कर), उत्तरी बिहार, पश्चिम बंगाल (उत्तरी भाग को छोड़कर), असम में ब्रह्मपुत्र घाटी, गुजरात, पूर्वी व पश्चिमी-सागर तटीय मैदानों में लगभग 7.68 लाख वर्ग किमी क्षेत्र में मिलती है।
- इसमें चूना, सोडियम,पोटाश तथा फॉस्फोरस की मात्रा पर्याप्त होती है।
- **लवण मिश्रित एवं क्षार युक्त मिट्टी**—क्षार युक्त मिट्टी में सोडियम एवं कैल्सियम तत्वों का सम्मिश्रण रहता है जबकि लवणयुक्त मिट्टी में नाइट्रोजन के लवण मिश्रित रहते हैं। इसे ऊसर भूमि भी कहते हैं।
- **हल्की काली एवं दलदली मिट्टी**—जिन क्षेत्रों में वनस्पति के अंश, जीवाणु, आदि की अधिकता होती है, वहां की मिट्टी हल्की काली होती है।
- यह नम भागों में, मुख्यत: केरल में पाई जाती है।
- **पर्वतीय मिट्टी**—यह मिट्टी हिमालय क्षेत्र में पाई जाती है। इसका विस्तार जम्मू-कश्मीर, हिमाचल प्रदेश, उत्तराखण्ड का गढ़वाल व कुमायूं क्षेत्र, सिक्किम, पश्चिम बंगाल का उत्तरी भाग (दार्जिलिंग क्षेत्र), अरुणाचल प्रदेश आदि राज्यों में है।
- **रेतीली या मरूस्थलीय मिट्टी**—रेतीली या मरुस्थलीय मिट्टी राजस्थान के पश्चिमी भाग, पंजाब के दक्षिणी-पश्चिमी भाग, हरियाणा के पश्चिमी भाग और गुजरात के उत्तरी भाग में पाई जाती है।
- इसमें नाइट्रोजन, जीवांश तथा अन्य पोषक तत्वों की कमी रहती है।

भारत की बहुउद्देशीय परियोजनाएं

परियोजना का नाम	नदी/नदियों का नाम
नागार्जुन सागर परियोजना, (आन्ध्र प्रदेश)	कृष्णा
तुंगभद्रा परियोजना, (आन्ध्र प्रदेश व कर्नाटक)	तुंगभद्रा
गण्डक परियोजना, (बिहार व उत्तर प्रदेश)	गण्डक
कोसी परियोजना, (बिहार)	कोसी
उकाई परियोजना, (गुजरात)	ताप्ती
माही परियोजना, (गुजरात)	माही
साबरमती परियोजना, (गुजरात)	साबरमती
भद्रा, (कर्नाटक)	भद्रा
ऊपरी कृष्णा, (कर्नाटक)	कृष्णा
घाटप्रभा, (कर्नाटक)	घाटप्रभा
मालप्रभा, (कर्नाटक)	मालप्रभा
तवा, (मध्य प्रदेश)	तवा
चम्बल, (मध्य प्रदेश व राजस्थान)	चम्बल
रविशंकर सागर, (मध्य प्रदेश)	महानदी
हंसदेव बांगो, (मध्य प्रदेश)	हंसदेव
जायकवाड़ी, (महाराष्ट्र)	गोदावरी
ऊपरी पैनगंगा, (महाराष्ट्र)	रयाधू
हीराकुड, (ओडिशा)	महानदी
इन्दिरागांधी नहर परियोजना	व्यास
पेरियार, (केरल)	पेरियार
टिहरी बांध, (उत्तराखण्ड)	भागीरथी
फरक्का, (प. बंगाल)	हुगली
मयूराक्षी बांध, (प. बंगाल)	मयूराक्षी

दामोदर घाटी परियोजना, (प. बंगाल व झारखण्ड)	दामोदर
रंजीत सागर बांध, (पंजाब)	रावी
भाखड़ा नंगल, (पंजाब, हरियाणा, राजस्थान)	सतलज
व्यास परियोजना, (पंजाब, हरियाणा, राजस्थान)	व्यास
कोयना परियोजना, (महाराष्ट्र)	कोयना
रिहन्द परियोजना, (उत्तर प्रदेश)	रिहन्द
लक्ष्मीबाई सागर बांध परियोजना, (उत्तर प्रदेश)	बेतवा
पार्वती परियोजना	पार्वती नदी
संजय सरोवर परियोजना, (मध्य प्रदेश)	बैनगंगा नदी
थांवर सिंचाई परियोजना, (मध्य प्रदेश)	थांवर नदी
रानी अवन्तिबाई सागर परियोजना, (मध्य प्रदेश)	बरगी नदी
दुलहस्ती परियोजना, (जम्मू-कश्मीर)	चिनाव नदी
गोविन्द बल्लभ पंत सागर, (उत्तर प्रदेश)	रिहन्द

भारत में कृषि

- देश के सकल घरेलू उत्पादन का लगभग 17.5% कृषि से ही प्राप्त होता है।
- भारत में मुख्यत: तीन प्रकार की फसलें बोई जाती हैं :
    1. **रबी की फसल**—यह अक्टूबर-नवम्बर माह में बोई जाती है और मार्च-अप्रैल माह में काटी जाती है। इसकी मुख्य फसलें—गेहूं, जौ, चना, मटर, सरसों आदि हैं। इन फसलों की सिंचाई की जाती है।
    2. **खरीफ की फसल**—यह जुलाई माह में बोई जाती है और अक्टूबर माह में काटी जाती है। इसकी फसलें—चावल, ज्वार, बाजरा, मक्का, अण्डी, तिल, मूंगफली, कपास, जूट, सन, तम्बाकू आदि हैं। ये फसलें प्राकृतिक रूप से वर्षा द्वारा ही सींची जाती हैं।

3. **जायद की फसल**—यह मार्च माह में बोई जाती है और जून माह में काट ली जाती है। इसमें खरबूज, तरबूज, खीरा, करेला, ककड़ी पैदा की जाती हैं।

देश की प्रमुख फसलें एवं उनके प्रमुख उत्पादक राज्य

फसल	प्रमुख उत्पादक राज्य
गेहूं	उत्तर प्रदेश, पंजाब, हरियाणा
चावल	पश्चिम बंगाल, उत्तर प्रदेश, आन्ध्र प्रदेश
चना	पंजाब, हरियाणा, उत्तर प्रदेश, राजस्थान
ज्वार	महाराष्ट्र, कर्नाटक, मध्य प्रदेश
बाजरा	राजस्थान, गुजरात, महाराष्ट्र
गन्ना	उत्तर प्रदेश, महाराष्ट्र, कर्नाटक
नारियल	केरल, तमिलनाडु
मूंगफली	गुजरात, तमिलनाडु, आन्ध्र प्रदेश
कपास	गुजरात, महाराष्ट्र, आन्ध्र प्रदेश
जूट और मेस्ता	पश्चिम बंगाल, बिहार, असम
रेशम	कनार्टक, तमिलनाडु, केरल
चाय	असम, पश्चिम बंगाल, तमिलनाडु
तम्बाकू	आन्ध्र प्रदेश, गुजरात, कर्नाटक
कहवा	कर्नाटक, केरल
रबर	केरल, तमिलनाडु, कर्नाटक

भारत की खनिज सम्पदा

- **कोयला**—भारत में कोयला गोंडवाना क्षेत्र में प्रचुर मात्रा में पाया जाता है। पश्चिम बंगाल में यह रानीगंज, झारखण्ड में झरिया, बोकारो-करनपुरा और गिरिडीह में पाया जाता है। अन्य महत्वपूर्ण क्षेत्र आन्ध्र प्रदेश, ओडिशा, मध्य प्रदेश, महाराष्ट्र तथा असम हैं। अरुणाचल प्रदेश, नगालैण्ड, मेघालय और जम्मू-कश्मीर

में टरशरी क्षेत्र का कोयला प्राप्त होता है। गुजरात, जम्मू-कश्मीर, राजस्थान और तमिलनाडु में लिग्नाइट कोयला मिलता है।

- **बॉक्साइट**—आन्ध्र प्रदेश, झारखण्ड, बिहार, गोवा, गुजरात, जम्मू-कश्मीर, कर्नाटक, केरल, मध्य प्रदेश, महाराष्ट्र, ओडिशा, राजस्थान, तमिलनाडु व उत्तर प्रदेश में उपलब्ध है।
- **तांबा**—सिंहभूम, हजारीबाग, संथाल परगना (झारखण्ड), बालाघाट जिला (मध्य प्रदेश), झुन्झुनू व अलवर जिले (राजस्थान), भोटांग (सिक्किम), चित्रदुर्ग व हासन जिले (कर्नाटक) में पाया जाता है।
- **सोना**—कर्नाटक में कोलार क्षेत्र-कोलार जिला, हट्टी क्षेत्र-रायचूर जिला से निकाला जाता है।
- **कोबाल्ट**—राजस्थान और केरल में उपलब्ध है।
- **हीरा**—पन्ना (म.प्र.), कुर्नूल (आन्ध्र प्रदेश) अनंतपुर (आन्ध्र प्रदेश) में तथा कृष्णा बेसिन में पाया जाता है।
- **मैंगनीज**—इसके बड़े भण्डार कर्नाटक, आन्ध्र प्रदेश, गोवा, गुजरात, महाराष्ट्र, मध्य प्रदेश, ओडिशा, पश्चिम बंगाल, कर्नाटक, मध्य प्रदेश व महाराष्ट्र में हैं।
- **लोहा**—भारत में बहुत अच्छी श्रेणी का लोहा (हेमेटाइट) प्राप्त होता है। इसकी खानें झारखण्ड (सिंहभूम), उड़ीसा, (क्योंझर, तलचर, बौनाई व मयूरभंज), मध्य प्रदेश, महाराष्ट्र, गोवा, कर्नाटक, तमिलनाडु, केरल व आन्ध्र प्रदेश में हैं।
- **सीसा-जस्ता**—राजस्थान, मेघालय, मध्य प्रदेश, महाराष्ट्र, गुजरात, प. बंगाल, उत्तर प्रदेश, आन्ध्र प्रदेश, तमिलनाडु, ओडिशा व सिक्किम में पाया जाता है।
- **अभ्रक**— आन्ध्र प्रदेश, झारखण्ड, (कोडरमा, गिरिडीह), बिहार, राजस्थान में पाया जाता है।
- **पेट्रोलियम**—असम (डिगबोई, बदरपुर, नहरकटिया, कासिमपुर, पल्हारिया, रुद्रपुर, शिवसागर), गुजरात (खंभात की खाड़ी, अंकलेश्वर, कलोल), बम्बई हाई में तेल निकालने का कार्य सागर

सम्राट नामक विशाल जहाज द्वारा किया जा रहा है। अन्य क्षेत्रों में भी तेल की खोज जारी है, इनमें त्रिपुरा, मणिपुर, प. बंगाल, गंगाघाटी, पंजाब, हिमाचल प्रदेश, कच्छ तथा ओडिशा, आन्ध्र प्रदेश, तमिलनाडु, कर्नाटक, महाराष्ट्र और गुजरात के तटीय क्षेत्र प्रमुख हैं।

भारत के प्रमुख उद्योग

लोहा एवं इस्पात उद्योग

- 1907 में जमशेदपुर (झारखण्ड) में जमशेदजी टाटा द्वारा टाटा लोहा एवं इस्पात कम्पनी की स्थापना से भारत में लोहा एवं इस्पात उद्योग की शुरूआत हुई।
- वर्तमान में विश्व में इस्पात के उत्पादन में **भारत** का **चौथा स्थान** है।
- भारत से इस्पात का सर्वाधिक निर्यात **जापान** को होता है।

सूती वस्त्र उद्योग

- परम्परागत हथकरघा और आधुनिक सूती-वस्त्र उद्योग भारत का सबसे बड़ा उद्योग क्षेत्र है।
- चीन के बाद भारत सूती-वस्त्र का दूसरा सबसे बड़ा उत्पादक देश है।
- भारत में सूती-वस्त्र उद्योग में सबसे अधिक लोग (3.5 करोड़) कार्यरत हैं।
- यह उद्योग विनिर्माण क्षेत्र में मूल्य-वर्द्धन में 12 प्रतिशत, सकल घरेलू उत्पाद में 4 प्रतिशत योगदान करता है।
- देश की सकल निर्यात आय में इसका योगदान 12 प्रतिशत से है।
- 1818 में कोलकाता (कलकत्ता) के निकट पहली सूती मिल स्थापित की गई थी, लेकिन वास्तविक रूप में भारत में सूती-वस्त्र उद्योग की शुरूआत भारतीय पूंजी से मुम्बई में लगाए गए सूती मिल के बाद हुई।

- देश में सूती वस्त्र की सर्वाधिक मिलें **तमिलनाडु** राज्य में हैं।

जूट उद्योग

- भारत में जूट उद्योग की शुरुआत 1859 में कोलकाता में हुई और अब यह देश के लिए विदेशी मुद्रा प्राप्त करने का एक बड़ा साधन बन चुका है।
- भारत जूट और जूट से निर्मित वस्तुओं का सबसे बड़ा उत्पादक देश है।
- देश में वर्तमान में जूट के 83 कारखाने हैं, इनमें से 64 अकेले पश्चिम बंगाल राज्य में हैं।

रेशम उद्योग

- भारत विश्व का दूसरा सबसे बड़ा प्राकृतिक रेशम उत्पादक देश है।
- सिर्फ भारत में ही चारों प्रकार के प्राकृतिक रेशम का व्यावसायिक रूप से उत्पादन हो रहा है। वे चारों प्रकार मलबरी, तसर, एरी और मूंगा हैं।
- चीन के बाद भारत तसर सिल्क का दूसरा सबसे बड़ा उत्पादक देश है।
- मूंगा सिल्क के उत्पादन में भारत का विश्व में एकाधिकार है, जो असम में होता है।
- कर्नाटक सबसे बड़ा रेशम उत्पादक राज्य है।

ऊनी वस्त्र उद्योग

- 1870 में कानपुर और 1883 में धारीवाल में ऊन मिल की स्थापना के साथ भारत में आधुनिक ऊनी वस्त्र उद्योग की शुरूआत हुई।
- पंजाब, महाराष्ट्र और उत्तर प्रदेश ऊनी वस्तुओं के प्रमुख उत्पादक राज्य हैं।

सीमेण्ट उद्योग

- देश में सीमेण्ट कारखानों की सर्वाधिक संख्या **आन्ध्र प्रदेश** राज्य में है।
- सीमेण्ट उत्पादन में राजस्थान का देश में प्रथम स्थान है।
- भारतीय सीमेण्ट उद्योग विश्व में सीमेण्ट के उत्पादन में दूसरे स्थान पर है।

कागज उद्योग

- कोलकाता में 1870 में पहली कागज मिल स्थापित हुई। कागज उद्योग महाराष्ट्र, ओडिशा, आन्ध्र प्रदेश, कर्नाटक और मध्य प्रदेश में विस्तृत हैं।
- नेपानगर (म.प्र.) का नेपा कागज मिल, मैसूर कागज मिल तथा केरल न्यूजप्रिन्ट समाचार-पत्रों के लिए कागज बनाते हैं।
- देश में कागज उद्योग के प्रमुख केन्द्र, **राजमुन्द्री** (आन्ध्र प्रदेश), **डालमियानगर** (बिहार), **यमुनानगर** (हरियाणा), **ढांढेली** (कर्नाटक), **अमलाई** (मध्य प्रदेश), **बल्लारपुर** (महाराष्ट्र), **बृजराजनगर** (ओडिशा), **पलीपलायम** (तमिलनाडु), **सहारनपुर** (उत्तर प्रदेश) तथा **रानीगंज** एवं **टीटागढ़** (पश्चिम बंगाल) हैं।

चर्म उद्योग

- बड़े चर्मशोधक कारखाने अधिकांशत: उत्तरी भारत में केन्द्रित हैं।
- उत्तरी भारत में भी उत्तर प्रदेश इसमें सबसे आगे है, जहां कानपुर सबसे बड़ा चर्म शोध केन्द्र है।
- कोलकाता, चेन्नई में भी बड़ी मात्रा में शोधित चमड़े का उत्पादन होता है।

चीनी उद्योग

- गन्ना और चीनी का भारत विश्व में दूसरा सबसे बड़ा उत्पादक देश है।
- कृषि-आधारित उद्योगों में वस्त्र के पश्चात् यह दूसरा सबसे महत्वपूर्ण उद्योग है।
- चीनी उद्योग उत्तर प्रदेश और महाराष्ट्र में मुख्य रूप से केन्द्रित हैं।

अन्य प्रमुख उद्योग

- रेल इंजनों का निर्माण चितरंजन, जमशेदपुर और वाराणसी में होता है।
- रेल डिब्बों का निर्माण पेराम्बूर और बंगलुरू में होता है।
- **भोपाल** स्थित सार्वजनिक क्षेत्र की कम्पनी भारत हैवी इलेक्ट्रीकल्स लिमिटेड (भेल) द्वारा रेल इंजनों का निर्माण किया जा रहा है।
- **भेल** ने भारतीय रेल के लिए विद्युत-चालित इन्जन बनाने की क्षमता भी हासिल कर ली है।
- **कपूरथला** में रेलवे सवारी डिब्बे, **येलान्हका** (बंगलुरू) में मालगाड़ी के डिब्बे, **पटियाला** में डीजल के इन्जन के कल-पुर्जे बनाने के कारखाने स्थापित हैं।
- **वाहन**—मोटर-वाहन उद्योग मुख्यत: चेन्नई, कोलकाता, नई दिल्ली और पूना में केन्द्रित है।
- **जलपोत**—भारत के प्रमुख जलपोत निर्माण केन्द्र हिन्दुस्तान शिपयार्ड लि. विशाखापट्टनम, गार्डन रीच वर्कशॉप, कोलकाता, गोवा शिपयार्ड लि. गोवा, मझगांव डॉक, मुम्बई तथा कोच्चि शिपयार्ड लि. कोच्चि हैं।
- इनमें विशाखापट्टनम में सबसे बड़ी जलपोत निर्माणशाला है, जो प्रति वर्ष तीन जलपोत बनाने की क्षमता रखती है।
- कोच्चि जलपोत-निर्माणशाला जापानी सहयोग से बनाई गई है जहां भारत में सबसे बड़ा जलपोत बनाने वाला डॉक है।
- कोलकाता में निष्कर्षण पोत, नौकाएं, आदि बनाई जाती हैं।
- मझगांव में युद्धपोत बनाए जाते हैं।

हवाई जहाज—1940 ई. में बंगलुरू में हिन्दुस्तान एरोनॉटिकल लि. (HAL) के नाम से पहला हवाई जहाज का कारखाना स्थापित किया गया।

भारत के प्रमुख औद्योगिक नगर

नगर	उद्योग
अलीगढ़ (उत्तर प्रदेश)	ताले
आनन्द (गुजरात)	मक्खन, पनीर, दूध
आगरा (उत्तर प्रदेश)	संगमरमर, चमड़ा, दरी
अहमदाबाद (गुजरात)	सूती वस्त्र
अम्बाला (हरियाणा)	वैज्ञानिक सामग्री
आवडी (तमिलनाडु)	हैवी टैंक (विजयन्त)
बंगलुरू (कर्नाटक)	टेलीफोन
बरेली (उत्तर प्रदेश)	रेजिन, लकड़ी का काम
बैलाडिला (मध्य प्रदेश)	खनिज लोहा
चण्डीगढ़ (पंजाब)	भवन निर्माण
चितरंजन (प. बंगाल)	लोकोमोटिव
दिल्ली (दिल्ली)	डी.डी.टी., सूती कपड़ा
डिन्डीगुल (तमिलनाडु)	सिगार तथा तम्बाकू
देबरी (राजस्थान)	जस्ता
एरनाकुलम (केरल)	केबिल्स
फरीदाबाद (हरियाणा)	ट्रैक्टर एवं कृषि यन्त्र
ग्वालियर (मध्य प्रदेश)	चीनी मिट्टी के बर्तन
गोमिया (झारखंड)	विस्फोटक पदार्थ
हिसार (हरियाणा)	भेड़ों का फार्म
तिरुचिरापल्ली	सिगार
बड़ोदरा (गुजरात)	नायलोन धागा
नेपाननगर (मध्य प्रदेश)	अखबारी कागज
कटनी (मध्य प्रदेश)	सीमेंट, चूना पत्थर
जमेशदपुर (झारखण्ड)	स्टील, रेल डिब्बे
फिरोजाबाद (उ. प्र.)	कांच की चूडियां

भारत में परिवहन

सड़क परिवहन

- भारत में सड़कों की कुल लम्बाई वर्तमान में 48.7 लाख किलोमीटर है।
- **राष्ट्रीय राजमार्ग:** यह सड़कें राष्ट्रीय महत्व की हैं जो राज्य की राजधानियों, प्रमुख बन्दरगाहों, प्रमुख व्यापारिक केन्द्रों तथा पड़ोसी राज्यों की सड़कों को जोड़ती हैं। इस समय ऐसी सड़कों की लम्बाई 100,475 किलोमीटर है।
- इन सड़कों के रखरखाव को उत्तरदायित्व केन्द्रीय सरकार पर है।
- वर्तमान में कुल 221 राष्ट्रीय राजमार्ग हैं जो सड़क यातायात के 40 प्रतिशत यातायात को ढोते हैं।

रेल परिवहन

- भारत में प्रथम रेल 16 अप्रैल, 1853 को बम्बई से ठाणे तक चली थी।
- रेलमार्ग की कुल लम्बाई 67,312 किमी. है।
- समूची रेल प्रणाली की 17 जोन/क्षेत्रों में बांटा गया है।

जल परिवहन

(I) आन्तरिक जलमार्ग

- आन्तरिक जल परिवहन में देश के भीतर आन्तरिक भागों में नदियों एवं नहरों से किये जाने वाले परिवहन को शामिल किया जाता है।
- देश के विभिन्न भागों में 14,500 किलोमीटर लम्बा जलमार्ग नदियों तथा नहरों द्वारा ही है।
- अन्तर्देशीय जल मार्गों के विकास के लिए अक्टूबर 1986 में भारतीय जलमार्ग प्राधिकरण का गठन किया गया।

(II) समुद्री मार्ग या जहाजरानी परिवहन

- भारत में आधुनिक सामुद्रिक परिवहन के विकास का शुभारम्भ 1854 से हुआ, जबकि 'ब्रिटिश इण्डिया स्टीम नेवीगेशन कम्पनी' की स्थापना हुई।
- 1919 में एक भारतीय उद्योगपति बालचन्द हीराचन्द के प्रयासों से सिन्धिया स्टीम नेवीगेशन कम्पनी की स्थापना की गयी।
- भारत में 13 बड़े तथा 200 छोटे और मध्यम आकार के बन्दरगाह हैं।
- **भारत के बड़े बन्दरगाह** : 1. कोलकाता—हल्दिया (पश्चिम बंगाल), 2. मुम्बई (महाराष्ट्र), 3. चेन्नई (तमिलनाडु) 4. कोच्चि (केरल) 5. विशाखापत्तनम (आन्ध्र प्रदेश) 6. मार्मगाओ (गोवा) 7. पारादीप (ओडिशा) 8. कांडला (गुजरात) 9. न्यू मंगलौर (कर्नाटक) 10. तूतीकोरिन (तमिलनाडु) 11. जवाहर लाल नेहरू (मुम्बई के निकट न्हावाशेवा में) 12. एन्नौर (तमिलनाडु)।

वायु परिवहन

- सरकार ने 1953 में वायु सेवा का राष्ट्रीयकरण कर दिया और निजी कम्पनियों का काम अपने हाथ में ले लिया।
- सार्वजनिक क्षेत्र की इण्डियन एयरलाइंस व एयर इण्डिया के विलय के बाद नई कम्पनी का नाम 'द नेशनल एविएशन कम्पनी ऑफ इण्डिया लिमिटेड' रखा गया।
- यह कम्पनी 'एयर इण्डिया' के नाम से ही सेवा उपलब्ध कराती है।
- इसका मुख्यालय दिल्ली में व निगमित कार्यालय मुम्बई में स्थित है।
- एयर इण्डिया का शुभंकर 'महाराज' ही नई एकीकृत एयर इण्डिया का शुभंकर है।

3. भारतीय संविधान एवं राजव्यवस्था

संविधान निर्मात्री सभा

- भारत में संविधान निर्मात्री सभा का गठन कैबिनेट मिशन योजना के आधार पर हुआ।
- इसके अनुसार जुलाई 1946 में संविधान सभा के चुनाव हुए। कुल 389 सदस्यों में से प्रान्तों के लिए निर्धारित 296 सदस्यों के लिए चुनाव हुए। कांग्रेस को 208 और मुस्लिम लीग को 73 सीटें प्राप्त हुई।
- 9 दिसम्बर, 1946 को संविधान सभा का विधिवत उदघाटन हुआ। सभा के सबसे बुजुर्ग सदस्य डॉ. सच्चिदानन्द सिन्हा सभा के अस्थायी सभापति बने।
- 11 दिसम्बर,1946 को डॉ. राजेन्द्र प्रसाद संविधान सभा के स्थायी अध्यक्ष निर्वाचित हुए।
- 13 दिसम्बर, 1946 को जवाहरलाल नेहरू ने 'उद्देश्य प्रस्ताव' प्रस्तुत किया। 13 से 19 दिसम्बर तक उद्देश्य प्रस्ताव पर विचार किया गया।
- 29 अगस्त, 1947 को संविधान सभा ने प्रारूप समिति की नियुक्ति की। डॉ. भीमराव अम्बेडकर प्रारूप समिति के अध्यक्ष चुने गए। 30 अगस्त, 1947 को प्रारूप समिति की पहली बैठक हुई।
- संविधान निर्माण में 2 वर्ष 11 मास और 18 दिन लगे इस कार्य पर लगभग 64 लाख रुपये खर्च हुए।
- अपने अन्तिम रूप में संविधान में 395 अनुच्छेद और 8 अनुसूचियां थीं।

संविधान सभा की प्रमुख समितियां एवं उनके अध्यक्ष

1. संचालन समिति —डॉ. राजेन्द्र प्रसाद
2. संघ संविधान समिति —पं. जवाहर लाल नेहरू
3. प्रान्तीय संविधान समिति —सरदार बल्लभ भाई पटेल
4. प्रारूप समिति —डॉ. भीमराव अम्बेडकर
5. झण्डा समिति —जे. बी. कृपलानी
6. संघ शक्ति समिति —पं. जवाहर लाल नेहरू

भारतीय संविधान के प्रमुख स्रोत

- **ब्रिटिश संविधान**—संसदीय शासन प्रणाली, कानून का शासन, एकीकृत न्यायिक व्यवस्था, एकीकृत नौकरशाही तथा इकहरी नागरिकता, विधि निर्माण की प्रक्रिया, संसद व विधान मण्डलों के सदस्यों के विशेषाधिकार एवं उन्मुक्तियां तथा मन्त्रिमण्डल के सामूहिक उत्तरदायित्व का सिद्धान्त है।
- **अमेरिका का संविधान—मौलिक अधिकार, संविधान की सर्वोच्चता, राष्ट्रपति पर महाभियोग**, उपराष्ट्रपति, उच्चतम व उच्च न्यायालयों के न्यायाधीशों को हटाने की विधि।
- **कनाडा का संविधान—संघात्मक व्यवस्था**।
- **ऑस्ट्रेलिया का संविधान—भारतीय संविधान की प्रस्तावना में** निहित भावनाएं, **समवर्ती सूची** तथा इस सूची के विषयों पर संघ और इकाइयों के बीच उत्पन्न होने वाले विवादों के निपटाने के उपाय।
- **आयरलैण्ड का संविधान—नीति निदेशक सिद्धान्त, राष्ट्रपति के निर्वाचक मण्डल की व्यवस्था, राज्यसभा में कला**, साहित्य, विज्ञान आदि से सम्बन्धित विशिष्ट व्यक्तियों के **मनोनयन की प्रणाली**।
- **दक्षिण अफ्रीका का संविधान—संविधान की संशोधन** पद्धति।

- **जर्मनी का 'वीमर' संविधान**—संकटकाल में राष्ट्रपति को मौलिक अधिकारों के स्थगन सम्बन्धी अधिकार।

भारतीय संविधान की उद्देशिका

- हम भारत के लोग, भारत को एक सम्पूर्ण प्रभुत्व-सम्पन्न, समाजवादी, पंथनिरपेक्ष, लोकतन्त्रात्मक गणराज्य बनाने तथा उसके समस्त नागरिकों को सामाजिक, आर्थिक और राजनीतिक न्याय, विचार अभिव्यक्ति, विश्वास, धर्म और उपासना की स्वतन्त्रता, प्रतिष्ठा और अवसर की समता प्राप्त कराने के लिए तथा उन सब में व्यक्ति की गरिमा और राष्ट्र की एकता तथा अखण्डता सुनिश्चित करने वाली बन्धुता बढ़ाने के लिए दृढ़-संकल्प होकर अपनी इस संविधान सभा में आज तारीख 26 नवम्बर, 1949 (मिति मार्गशीर्ष शुक्ल सप्तमी संवत् 2006 विक्रमी) को एतद् द्वारा इस संविधान को अंगीकृत,अधिनियमित और आत्मार्पित करते हैं।
- प्रस्तावना में समाजवादी, पंथनिरपेक्ष तथा अख"डता शब्द मूल संविधान की प्रस्तावना में नहीं थे। इन्हें 42वें संवैधानिक संशोधन (1976) द्वारा प्रस्तावना में जोड़ा गया।

भारतीय नागरिकता

- भारतीय संविधान निर्माताओं ने भारतीय संविधान के दूसरे भाग में अनुच्छेद 5-11 तक नागरिकता सम्बन्धी विभिन्न उपबन्धों का प्रावधान किया।
- भारतीय नागरिकता अधिनियम, 1955 द्वारा नागरिकता के सम्बन्ध में विभिन्न प्रावधान लागू किए गए। इसके अनुसार निम्न आधार पर नागरिकता प्राप्त की जा सकती है—
- **जन्म से**—प्रत्येक व्यक्ति जो 26 जनवरी, 1950 तक या उसके बाद भारत में पैदा हुआ है, भारतीय नागरिक माना जाएगा बशर्ते

उसके जन्म के समय उसके माता-पिता दोनों में से कोई एक भारत का नागरिक रहा हो।

- **रक्त सम्बन्ध या वंशाधिकार से**—26 जनवरी, 1950 या उसके पश्चात् भारत के बाहर जन्म लेने वाला व्यक्ति भी भारत का नागरिक माना जाएगा, यदि उसके जन्म के समय उसके पिता या माता भारत के नागरिक रहे हों।
- **पंजीकरण द्वारा**—कुछ श्रेणी के व्यक्ति पंजीकरण द्वारा नागरिकता प्राप्त कर सकते हैं: (i) वे व्यक्ति जो पंजीकरण प्रार्थना-पत्र देने की तिथि से 6 माह पूर्व से भारत में रह रहे हों। (ii) वे भारतीय, जो अविभाज्य भारत से बाहर किसी देश में निवास कर रहे हों। (iii) वे स्त्रियां, जो भारतीयों से विवाह कर चुकी हों या भविष्य में विवाह करेंगी। (iv) भारतीय नागरिकों के नाबालिग बच्चे। (v) राष्ट्रमण्डलीय देशों के नागरिक, जो भारत में रहते हों या भारत सरकार की नौकरी कर रहे हों। आवेदन-पत्र देकर भारत की नागरिकता प्राप्त कर सकते हैं।
- **देशीकरण द्वारा**—कोई भी विदेशी नागरिक कतिपय शर्तों को पूरा करने पर भारतीय नागरिकता प्राप्त कर सकता है।
- **भूमि विस्तार द्वारा**—यदि किसी नए क्षेत्र को भारत में शामिल कर लिया जाए तो वहां की जनता को भारतीय नागरिकता प्राप्त हो जाएगी।
- **भारत नागरिकता संशोधन अधिनियम**, 1986—भारतीय नागरिकता संशोधन अधिनियम, 1986 के आधार पर भारतीय नागरिकता संशोधन अधिनियम, 1955 में निम्नलिखित संशोधन किए गए हैं :
- अब भारत में जन्में केवल उस व्यक्ति को ही भारतीय नागरिकता प्रदान की जाएगी, जिसके माता-पिता में से कोई एक भारत का नागरिक हो।

- जो व्यक्ति पंजीकरण के माध्यम से भारतीय नागरिकता प्राप्त करना चाहते है, उन्हें अब भारत में कम-से-कम पांच वर्ष व्यतीत करने होंगे।
- देशीकरण द्वारा नागरिकता तभी प्रदान की जाएगी, जबकि सम्बन्धित व्यक्ति कम-से-कम 10 वर्षों तक भारत में रह चुका हो। पहले यह अवधि 5 वर्ष थी।

मूल अधिकार

- जब संविधान का प्रवर्तन किया गया, उस समय मूल अधिकारों की संख्या 7 थी। लेकिन 44वें संविधान संशोधन, 1976 के द्वारा सम्पत्ति के मूल अधिकार को समाप्त करके इस अधिकार को विधिक अधिकार बना दिया गया।
- भारतीय नागरिकों को निम्नलिखित छ: प्रकार के मौलिक अधिकार प्राप्त हैं—

1. समता का अधिकार (अनुच्छेद 14-18)

- अनुच्छेद 14: विधि के समक्ष समता का अधिकार।
- अनुच्छेद 15: धर्म, नस्ल, जाति, लिंग या जन्म-स्थान के आधार पर भेदभाव का निषेध।
- अनुच्छेद 16: लोक नियोजन के विषय में अवसर की समता।

2. स्वतंत्रता का अधिकार (अनुच्छेद 19-22)

- **अनुच्छेद 19:** इसके अंतर्गत ये अधिकार सम्मिलित है:
  - (i) बोलने की स्वतंत्रता,
  - (ii) शांतिपूर्वक बिना हथियारों के एकत्रित होने और सभा करने की स्वतंत्रता,
  - (iii) देश के किसी भी क्षेत्र में आवागमन की स्वतंत्रता,
  - (iv) देश के किसी भी क्षेत्र में निवास करने और बसने की स्वतंत्रता,

(v) अपनी पसंद की वृत्ति, व्यवसाय की स्वतंत्रता।

- **अनुच्छेद 20:** अपराधों के लिए दोष-सिद्धि के संबंध में संरक्षण।
- **अनुच्छेद 21:** प्राण एवं दैहिक स्वतंत्रता का संरक्षण।
- **अनुच्छेद 21(क):** राज्य 6 से 14 वर्ष की आयु के समस्त बच्चों को इस ढंग से जैसा कि राज्य, विधि द्वारा अवधारित करें, नि:शुल्क तथा अनिवार्य शिक्षा उपलब्ध करेगा। (86वाँ संशोधन-2002 के द्वारा।)

3. शोषण के विरुद्ध अधिकार (अनुच्छेद 23-24)

- **अनुच्छेद 23:** मानव के दुर्व्यापार और बलात् श्रम का प्रतिषेध।
- **अनुच्छेद 24:** बालकों के नियोजन का प्रतिषेध।

4. धार्मिक स्वतंत्रता का अधिकार (अनुच्छेद 25-28)

- **अनुच्छेद 25:** अंत:करण की और धर्म के अबाध रूप से मानने, आचरण और प्रचार करने की स्वतंत्रता।
- **अनुच्छेद 26:** धार्मिक कार्यों के प्रबंध की स्वतंत्रता।
- **अनुच्छेद 27:** राज्य किसी भी व्यक्ति को ऐसे कर देने के लिए बाध्य नहीं कर सकता है, जिसकी आय किसी विशेष धर्म अथवा धार्मिक सम्प्रदाय की उन्नति या पोषण में व्यय करने के लिए विशेष रूप से निश्चित कर दी गई है।
- **अनुच्छेद 28:** राज्य-विधि से पूर्णत: पोषित किसी शिक्षा संस्था में कोई धार्मिक शिक्षा नहीं दी जाएगी।

5. संस्कृति एवं शिक्षा संबंधि अधिकार (अनुच्छेद 29-30)

- **अनुच्छेद 29:** अल्पसंख्यक वर्गों के हितों का संरक्षण।
- **अनुच्छेद 30:** शिक्षा संस्थाओं की स्थापना और प्रशासन करने का अल्पसंख्यक वर्गों को अधिकार।

6. संवैधानिक उपचारों का अधिकार

- **अनुच्छेद 32:** इसके अंतर्गत मौलिक अधिकारों को प्रवर्तित कराने के लिए समुचित कार्रवाइयों द्वारा उच्चतम न्यायालय में आवेदन

करने का अधिकार प्रदान किया गया है। इस संदर्भ में सर्वोच्च न्यायालय को पाँच तरह के रिट निकालने की शक्ति प्रदान की गयी है। ये रिट निम्नलिखित हैं—

- **बंदी प्रत्यक्षीयकरण:** जब किसी व्यक्ति को अवैध रूप से बंदी बनाया जाता है, तो सर्वोच्च न्यायालय उस बंदी बनाने वाले अधिकारी को आदेश देता है कि वह बंदी बनाए गए व्यक्ति को 24 घण्टे के भीतर न्यायालय में पेश करे। यह आपराधिक जुर्म के मामलों में जारी नहीं किया जा सकता।
- **परमादेश:** यह उस समय जारी किया जाता है, जब कोई पदाधिकारी अपने सार्वजनिक कर्त्तव्य का निर्वाह नहीं करता है।
- प्रतिषेध: यह निचली अदालत को ऐसा कार्य करने से रोकता है, जो उसके अधिकार क्षेत्र से बाहर है।
- **अधिकार-पृच्छा:** यह एक व्यक्ति को एक जन कार्यालय में काम करने से मना करता है, जिसका उसे अधिकार नहीं है।
- **उत्प्रेषण:** यह तभी जारी किया जाता है जब एक अदालत या न्यायालय अपने न्याय क्षेत्र से बाहर कार्य करता है। यह 'निषेध' से अलग है और यह कार्य सम्पादित होने के बाद ही जारी किया जाता है।

मूल कर्तव्य

- 1950 में लागू भारतीय संविधान में नागरिकों के केवल मूल अधिकारों का ही उल्लेख किया गया था।
- वर्ष 1976 में अनु. 51(क) अंत: स्थापित कर 10 मूल कर्तव्य संविधान में शामिल किए गए।
- सन् 2002 में अभिभावकों के लिए 6-14 वर्ष के अपने बच्चों को शिक्षा का अवसर प्रदान करने का कर्तव्य जोड़ देने से अब नागरिकों के निम्नांकित 11 कर्तव्य इस प्रकार हैं :

    1. भारत के प्रत्येक नागरिक का कर्तव्य होगा कि वह संविधान का पालन करे और उसके आदर्शों, संस्थाओं, राष्ट्रध्वज और राष्ट्रगान का आदर करे।

2. प्रत्येक नागरिक स्वतन्त्रता के लिए हमारे राष्ट्रीय आन्दोलन को प्रेरित करने वाले उच्च आदर्शों को हृदय में संजोए रखे और उनका पालन करे।

3. प्रत्येक भारतीय नागरिक का यह कर्तव्य है कि वह भारत की सम्प्रभुता, एकता और अखण्डता की रक्षा करे और उसे अक्षुण्ण बनाए रखे।

4. प्रत्येक भारतीय नागरिक का यह कर्तव्य है कि वह देश की रक्षा करे और बुलाए जाने पर राष्ट्र की सेवा करे।

5. भारत के सभी लोगों में समरसता और समान भातृत्व की भावना का विकास करे जो धर्म, भाषा, प्रदेश या वर्ग पर आधारित सभी भेदभाव से परे हो और ऐसी प्रथाओं का त्याग करे जो स्त्रियों के सम्मान के विरूद्ध हैं।

6. हम सब अपनी समन्वित संस्कृति की गौरवशाली परम्परा का महत्व समझें व संरक्षण करें।

7. प्रत्येक नागरिक का कर्तव्य है कि वह वैज्ञानिक दृष्टिकोण, मानववाद और ज्ञानार्जन तथा सुधार की भावना का विकास करे।

8. प्रत्येक नागरिक का कर्तव्य है कि वह प्राकृतिक पर्यावरण, जिसके अन्तर्गत वन, झील, नदी और वन्य जीव भी शामिल हैं, की रक्षा करे और उनका सम्वर्धन करे तथा प्राणी मात्र के प्रति दया भाव रखे।

9. प्रत्येक नागरिक का कर्तव्य है कि वह सार्वजनिक सम्पत्ति को सुरक्षित रखे व हिंसा से दूर रहे।

10. प्रत्येक नागरिक का कर्तव्य है कि वह व्यक्तिगत व सामूहिक गतिविधियों के सभी क्षेत्रों में उत्कर्ष की ओर बढ़ने का सतत प्रयास करे जिससे राष्ट्र निरन्तर बढ़ते हुए प्रगति और उपलब्धि की नवीन ऊंचाइयों को छू सके।

11. 86वें संविधान संशोधन अधिनियम, 2002 द्वारा अनुच्छेद 51 में संशोधन करके खण्ड(ञ) के बाद जोड़े गए नए खण्ड के अनुसार प्रारम्भिक शिक्षा को सर्वव्यापी बनाने के उद्देश्य से अभिभावकों के लिए भी यह कर्तव्य निर्धारित किया गया है

कि वे छः से चौदह वर्ष तक के अपने बच्चों को शिक्षा का अवसर प्रदान करें।

राज्य के नीति-निदेशक तत्व

- राज्य के नीति-निदेशक तत्वों का वर्णन संविधान के भाग 4 में अनुच्छेद 36-51 के मध्य किया गया है।
- राज्य के नीति निदेशक तत्वों का तात्पर्य भारतीय संविधान के उन सिद्धान्तों या आदेशों से है जो राज्य की नीति का निर्देशन करते हैं और इस बात की ओर संकेत करते हैं कि राज्य की नीति क्या होनी चाहिए। ये तत्व सदैव सरकार का मार्गदर्शन करते हैं।
- **अनुच्छेद 38**—राज्य लोक कल्याण की अभिवृद्धि के लिए सामाजिक व्यवस्था बनाएगा।
- **अनुच्छेद 39 क**—समान न्याय और नि:शुल्क विधिक सहायता
- **अनुच्छेद 40**—ग्राम पंचायतों का संगठन
- **अनुच्छेद 41**—कुछ दशाओं में काम, शिक्षा और लोक सहायता पाने का अधिकार
- **अनुच्छेद 42**—काम की न्यायसंगत और मानवोचित दशाओं का तथा प्रसूति सहायता का उपबन्ध
- **अनुच्छेद 43**—कर्मकारों के लिए निर्वाह मजदूरी
- **अनुच्छेद 44**—नागरिकों के लिए एक समान सिविल संहिता
- **अनुच्छेद 45**—बालकों के लिए नि:शुल्क और अनिवार्य शिक्षा
- **अनुच्छेद 46**—अनुसूचित जातियों, अनुसूचित जनजातियों और अन्य दुर्बल वर्गों के शिक्षा और अर्थ सम्बन्धी हितों की अभिवृद्धि
- **अनुच्छेद 47**—पोषाहार स्तर और जीवन स्तर को ऊंचा करने तथा लोक स्वास्थ्य का सुधार करने का राज्य का कर्तव्य
- **अनुच्छेद 48**—कृषि और पशुपालन का संगठन
- **अनुच्छेद 48 क**—पर्यावरण का संरक्षण तथा संवर्धन
- **अनुच्छेद 49**—राष्ट्रीय महत्व के स्मारकों और स्थानों का संरक्षण
- **अनुच्छेद 50**—कार्यपालिका से न्यायपालिका का पृथक्करण

- **अनुच्छेद 51**—अन्तर्राष्ट्रीय शान्ति और सुरक्षा की अभिवृद्धि

मूल अधिकारों और नीति निदेशक तत्वों में अन्तर

- **मूल** अधिकार न्याय योग्य हैं लेकिन निदेशक तत्व न्याय योग्य नहीं हैं।
- मूल अधिकार निषेधात्मक हैं जिनके द्वारा राज्य को कुछ काम न करने का आदेश दिया गया है। इसके विपरीत निदेशक तत्व सकारात्मक निर्देश हैं।
- मूल अधिकार नागरिकों के लिए हैं जबकि नीति निदेशक तत्व राज्य के लिए हैं। ये राज्य के कर्तव्य निर्धारित करते हैं।
- मूल अधिकारों द्वारा राजनीतिक लोकतन्त्र की स्थापना की गई है जबकि नीति निदेशक तत्वों द्वारा आर्थिक लोकतन्त्र तथा कल्याणकारी राज्य की स्थापना का प्रयास किया गया है।
- मूल अधिकारों को कुछ विशिष्ट परिस्थितियों में निलम्बित किया जा सकता है जबकि राज्य के नीति निदेशक तत्वों को स्थगित या निलम्बित नहीं किया जा सकता है।

भारत की संघीय व्यवस्था

- भारतीय संविधान के अनुच्छेद 79 के अनुसार : संघ के लिए एक संसद होगी जो राष्ट्रपति और दोनों सदनों से मिलकर बनेगी। इनके नाम क्रमश: राज्यसभा और लोकसभा होंगे।

राज्यसभा

- राज्यसभा संसद का द्वितीय या उच्च सदन है। संविधान के अनुच्छेद 80 के अनुसार राज्यसभा के सदस्यों की अधिकतम संख्या 250 हो सकती है परन्तु वर्तमान में यह संख्या 245 है।
- इनमें 12 सदस्य राष्ट्रपति द्वारा मनोनीत किए जाते हैं।
- जिन संघीय क्षेत्रों में विधान सभाएं नहीं होतीं वहां पर राज्यसभा के सदस्यों के चुनाव के लिए विशेष निर्वाचक मण्डल गठित किए जाते हैं।
- इकाइयों को राज्यसभा में प्रतिनिधित्व जनसंख्या के आधार पर दिया गया है।

राज्यसभा की सदस्यता के लिए योग्यताएं

1. वह भारत का नागरिक हो।
2. उसकी आयु 30 वर्ष से कम न हो।
3. वह किसी लाभ के पद पर न हो।
4. विकृत मस्तिष्क का या दिवालिया न हो।
5. ऐसी अन्य योग्यताएं रखता हो जो संसद के किसी कानून द्वारा निश्चित की जाएं।
6. 1951 के 'जनप्रतिनिधित्व अधिनियम' के अनुसार राज्यसभा का उम्मीदवार होने के लिए उस राज्य में संसदीय क्षेत्र का मतदाता होना आवश्यक है जिस राज्य से वह चुनाव लड़ रहा हो।

- **कार्यकाल**—राज्यसभा एक स्थायी सदन है। यह कभी भंग नहीं होता बल्कि इसके एक-तिहाई सदस्य हर दो वर्ष बाद अवकाश ग्रहण कर लेते हैं।
- राज्यसभा के प्रत्येक सदस्य का कार्यकाल 6 वर्ष का होता है।
- **पदाधिकारी**—भारत का उपराष्ट्रपति राज्यसभा का पदेन सभापति होता है तथा राज्यसभा अपने में से किसी एक सदस्य को उप-सभापति निर्वाचित करती है।
- सभापति की अनुपस्थिति में उप-सभापति उसके कर्तव्यों का पालन करता है।

राज्यसभा के कार्य तथा शक्तियां

- (1) विधायी शक्तियां, (2) वित्तीय शक्तियां, (3) कार्यपालिका सम्बन्धी शक्तियां, (4) संविधान संशोधन की शक्ति।
- अनुच्छेद 249 के अनुसार, राज्यसभा उपस्थित और मतदान में भाग लेने वाले सदस्यों के दो-तिहाई बहुमत से राज्य सूची के किसी विषय को राष्ट्रीय महत्व का घोषित कर सकती है। राज्यसभा द्वारा ऐसा प्रस्ताव पास कर दिए जाने पर संसद उस विषय पर कानून का निर्माण कर सकती है।
- ऐसा प्रस्ताव प्रारम्भ में एक वर्ष के लिए लागू होता है।

- संविधान के अनुच्छेद 312 के अनुसार राज्यसभा अपने दो-तिहाई बहुमत से प्रस्ताव पास कर नई अखिल भारतीय सेवाएं स्थापित करने का अधिकार केन्द्रीय सरकार को दे सकती है।

लोक सभा

- यह संघीय संसद का निम्न सदन है।
- लोकसभा की अधिकतम सदस्य संख्या (530 + 20 + 2) 552 हो सकती है। वर्तमान में इसकी सदस्य संख्या (530 + 13 + 2) = 545 है।
- लोकसभा के सदस्यों का चुनाव प्रत्यक्ष रूप से जनता द्वारा होता है।

लोकसभा की सदस्यता के लिए योग्यताएं

(1) वह व्यक्ति भारत का नागरिक हो।

(2) उसकी आयु 25 वर्ष या इससे अधिक हो।

(3) भारत सरकार अथवा किसी राज्य सरकार के अन्तर्गत वह कोई लाभ का पद धारण न किए हो।

(4) वह किसी न्यायालय द्वारा दिवालिया न ठहराया गया हो तथा पागल न हो।

(5) वह संसद द्वारा बनाए गए किसी कानून द्वारा अयोग्य न ठहराया गया हो।

- **कार्यकाल**—लोकसभा का कार्यकाल 5 वर्ष है किन्तु प्रधानमंत्री के परामर्श के आधार पर राष्ट्रपति के द्वारा लोकसभा को समय के पूर्व भी भंग किया जा सकता है। संकटकाल की घोषणा लागू होने पर संसद विधि द्वारा लोकसभा के कार्यकाल में वृद्धि कर सकती है जो एक बार में एक वर्ष से अधिक नहीं होगी।
- **अधिवेशन**—लोकसभा और राज्यसभा के अधिवेशन राष्ट्रपति के द्वारा ही बुलाए और स्थगित किए जाते हैं। इस सम्बन्ध में नियम केवल यह है कि लोकसभा की दो बैठकों के बीच 6 माह से अधिक का अन्तर नहीं होना चाहिए।

- **लोकसभा के पदाधिकारी**—लोकसभा स्वयं ही अपने सदस्यों में से एक अध्यक्ष और एक उपाध्यक्ष का निर्वाचन करेगी।
- इनका कार्यकाल लोकसभा के कार्यकाल तक अर्थात् समय से पूर्व भंग न होने की स्थिति में 5 वर्ष होता है परन्तु इस अवधि के अन्दर अध्यक्ष तथा उपाध्यक्ष स्वेच्छा से अपने पदों से त्यागपत्र दे सकते हैं।
- **लोकसभा की शक्तियां व कार्य**—(1) विधायी शक्ति, (2) वित्तीय शक्ति, (3) कार्यपालिका पर नियन्त्रण की शक्ति, (4) संविधान संशोधन सम्बन्धी शक्ति, (5) निर्वाचन शक्ति।
- **संसद सदस्यों के विशेषाधिकार**—संविधान के अनुच्छेद 105 में संसद सदस्यों के विशेषाधिकारों का उल्लेख इस प्रकार है :

  (i) संसद सदस्यों को सदन में विचार अभिव्यक्ति की पूर्ण स्वतन्त्रता होगी।

  (ii) संसद या उसकी समिति में कही गई किसी बात या दिए गए किसी मत के सम्बन्ध में न्यायालय की कार्यवाही से उन्मुक्ति।

  (iii) न्यायालयों को संसद की कार्यवाही की जांच करने का निषेध।

  (iv) सभा के सत्र के दौरान तथा उसके 40 दिन पहले और 40 दिन बाद तक दीवानी मामलों में सदस्यों की गिरफ्तारी से उन्मुक्ति।

  (v) किसी सदस्य की गिरफ्तारी, निरोध, कारावास तथा रिहाई के सम्बन्ध में तुरन्त सूचना प्राप्त करने का सदन को अधिकार है।

संसदीय समितियां

1. **लोक लेखा समिति**—इस समिति का कार्य सरकार के सभी वित्तीय लेन-देन सम्बन्धी विषयों की जांच करना है।

- समिति में 22 सदस्य होते हैं जिनमें 15 सदस्य लोकसभा से तथा 7 सदस्य राज्यसभा से होते हैं।
- समिति का कार्यकाल एक वर्ष है तथा कोई मन्त्री इस समिति का सदस्य नहीं होता है।

2. **प्राक्कलन समिति**—प्राक्कलन समिति भी शासन पर वित्तीय नियन्त्रण का ही कार्य करती है। यह समिति विभिन्न विभागों के वित्तीय अनुमानों की जांच करती है और मितव्ययिता लाने के लिए सुझाव देती है।
   - इसमें लोकसभा के 30 सदस्य होते हैं और इसका कार्यकाल एक वर्ष होता है। कोई मन्त्री इसका सदस्य नहीं होता है।
3. **विशेषाधिकार समिति**—इस समिति का कार्य सदन और उसके सदस्यों के विशेषाधिकार की रक्षा करना है।
   - इसमें 15 सदस्य होते हैं जिन्हें सदन का अध्यक्ष मनोनीत करता है।
4. **सरकारी आश्वासन समिति**—शासन और मन्त्रिमण्डल के सदस्यों द्वारा समय-समय पर जो आश्वासन दिए जाते हैं, उन्हें किस सीमा तक पूरा किया जाता है, इस बात की जांच यह समिति करती है।
   - इस समिति का कार्य सदन की प्रक्रिया तथा उसके कार्य संचालन के नियमों पर विचार करना तथा आवश्यकतानुसार उनमें संशोधन की सिफारिश करना है।

राष्ट्रपति

- अनुच्छेद 53 के अनुसार 'संघ की कार्यपालिका शक्ति राष्ट्रपति में निहित होगी।'
- भारत की संसदीय शासन व्यवस्था में राष्ट्रपति कार्यपालिका का औपचारिक प्रधान है।

राष्ट्रपति पद की योग्यताएं

- वह भारत का नागरिक हो।
- वह 35 वर्ष की आयु पूरी कर चुका हो।
- वह लोक सभा का सदस्य निर्वाचित होने की योग्यता रखता हो।
- निर्वाचन के समय किसी लाभ का पद धारण नहीं करता हो।

राष्ट्रपति का निर्वाचन

- भारत के राष्ट्रपति का निर्वाचन अप्रत्यक्ष रूप से होता है। उसका निर्वाचन अनुच्छेद 54 के अनुसार एक निर्वाचक मण्डल द्वारा 5 वर्ष के लिए किया जाता है, जिसमें संसद के दोनों सदनों के निर्वाचित सदस्य और राज्य विधान सभाओं और संघीय क्षेत्रों की विधान सभाओं के निर्वाचित सदस्य भाग लेते हैं।
- राष्ट्रपति के चुनाव के लिए आनुपातिक प्रतिनिधित्व की एकल-संक्रमणीय प्रणाली को अपनाया गया है।
- मतदान गुप्त मतपत्र द्वारा होता है और चुनाव में सफलता प्राप्त करने के लिए उम्मीदवार को 'न्यूनतम कोटा' प्राप्त होना आवश्यक होता है।
- **कार्यकाल**—राष्ट्रपति का कार्यकाल 5 वर्ष निश्चित किया गया है।
- यदि मृत्यु, त्याग-पत्र अथवा महाभियोग द्वारा पदच्युति के कारण राष्ट्रपति का पद इस अवधि के अन्तर्गत रिक्त हो जाए तो इस स्थिति में नए राष्ट्रपति का चुनाव पुन: 5 वर्ष की सम्पूर्ण अवधि के लिए होता है न कि शेष अवधि के लिए।
- संविधान द्वारा राष्ट्रपति पद पर पुनर्विचार के लिए किसी प्रकार का प्रतिबन्ध नहीं लगाया गया है।
- भारतीय संविधान के अनुच्छेद 61 के अनुसार राष्ट्रपति के द्वारा संविधान का उल्लंघन करने पर उसके विरुद्ध महाभियोग चलाकर उसे पदच्युत किया जा सकता है।

- महाभियोग प्रस्ताव संसद के किसी भी सदन में लाया जा सकता है किन्तु अभियोग प्रस्ताव पर विचार करने से पूर्व राष्ट्रपति को 14 दिन का नोटिस दिया जाना आवश्यक है।

राष्ट्रपति के कार्य व शक्तियां

- **कार्यपालिका सम्बन्धी शक्तियां**—महत्वपूर्ण अधिकारियों की नियुक्ति व पदच्युति, शासन संचालन सम्बन्धी शक्ति, वैदेशिक क्षेत्र में शक्ति, सैनिक क्षेत्र में शक्ति, इत्यादि।
- **बिधायी शक्तियां**—विधायी क्षेत्र का प्रशासन, सदस्यों का मनोनयन, विधेयकों पर निषेधाधिकार की शक्ति, अध्यादेश जारी करने की शक्ति, इत्यादि।
- **वित्तीय शक्तियां**,
- **न्यायिक शक्तियां**,
- **सैनिक शक्तियां**
- **संकटकालीन शक्तियां**—संकट की स्थिति का सामना करने के लिए संविधान द्वारा राष्ट्रपति को विशेष शक्तियां प्रदान की गई हैं। 44वें संवैधानिक संशोधन के बाद वर्तमान में संविधान के संकटकालीन प्रावधान निम्न प्रकार से हैं :
- आपातकाल, युद्ध, बाहरी आक्रमण या सशस्त्र विद्रोह अथवा इस प्रकार की आशंका होने पर ही घोषित किया जा सकेगा। केवल आन्तरिक अशान्ति के नाम पर आपातकाल घोषित नहीं किया जा सकता।
- राष्ट्रपति द्वारा अनुच्छेद 352 के अन्तर्गत आपातकाल की घोषणा तभी की जा सकेगी जबकि मन्त्रिमण्डल लिखित रूप में राष्ट्रपति को ऐसा परामर्श दे।
- अनुच्छेद 356 के अनुसार अगर राष्ट्रपति को राज्यपाल के प्रतिवेदन पर या अन्य किसी प्रकार से समाधान हो जाए कि ऐसी परिस्थितियां पैदा हो गई हैं कि किसी राज्य का शासन संविधान के उपबन्धों के अनुसार नहीं चलाया जा सकता है तो वह संकटकाल की घोषणा कर सकता है।

- अनुच्छेद 360 के अनुसार यदि राष्ट्रपति को यह विश्वास हो जाए कि ऐसी परिस्थितियां पैदा हो गई हैं जिनसे भारत के वित्तीय स्थायित्व या साख को खतरा है तो वह वित्तीय संकट की घोषणा कर सकता है।

उपराष्ट्रपति

- **निर्वाचन**—उपराष्ट्रपति का निर्वाचन संसद के दोनों सदनों की संयुक्त बैठक में आनुपातिक प्रतिनिधित्व की पद्धति के अनुसार एकल संक्रमणीय मत द्वारा होता है।
- **योग्यताएं**—(1) वह भारत का नागरिक हो, (2) उसकी आयु कम-से-कम 35 वर्ष हो, (3) वह राज्यसभा का सदस्य चुने जाने की योग्यता रखता हो।
- **कार्यकाल**—उपराष्ट्रपति का कार्यकाल 5 वर्ष होता है किन्तु वह स्वेच्छा से त्याग-पत्र द्वारा इस अवधि के पूर्व भी अपना पद छोड़ सकता है अथवा उसे राज्यसभा के कुल बहुमत द्वारा पास किए गए प्रस्ताव से, जिसे लोकसभा भी स्वीकार कर ले, पदच्युत किया जा सकता है।
- **उपराष्ट्रपति के कार्य**— उप-राष्ट्रपति राज्य सभा का पदेन सभापति होता है। इस रूप में उसे सदन के सभापति की सभी साधारण शक्तियां प्राप्त होती हैं।
- कभी राष्ट्रपति अस्वस्थ अथवा अनुपस्थिति के कारण अस्थायी रूप में अपने कर्तव्यों को पूरा करने में असमर्थ हो तो उपराष्ट्रपति ही उसके स्थान पर कार्य करेगा।

राज्यपाल

- राज्यपाल राज्य की कार्यपालिका का वैधानिक प्रधान होता है।
- **राज्यपाल की नियुक्ति**—राज्यपाल की नियुक्ति राष्ट्रपति के द्वारा की जाती है और राज्यपाल द्वारा राष्ट्रपति के प्रसाद-पर्यन्त अपना पद धारण किया जाता है।
- **कार्यकाल**—राज्यपाल का कार्यकाल **5** वर्ष होता है लेकिन वह अपने उत्तराधिकारी के पद ग्रहण करने तक अपने पद पर बना रह सकता है।

- संविधान के अनुसार एक ही व्यक्ति दो या दो से अधिक राज्यों का राज्यपाल भी नियुक्त किया जा सकता है।
- **योग्यताएं**—राज्यपाल के पद के लिए निम्न योग्यताओं का होना आवश्यक है :

  1. वह भारत का नागरिक हो।

  2. उसकी आयु कम से कम 35 वर्ष हो।
- राज्यपाल संसद या राज्य के विधानमण्डल का सदस्य नहीं हो सकता है और यदि वह किसी सदन का सदस्य है तो राज्यपाल के पद पर नियुक्ति की तिथि से उसे अपनी सदन की सदस्यता का त्याग करना होगा।
- राज्यपाल कोई लाभ का पद धारण नहीं कर सकता।

राज्यपाल की शक्तियां

- **कार्यपालिका शक्तियां**—राज्य की कार्यपालिका शक्तियां राज्यपाल में निहित होती हैं, जिनका प्रयोग वह स्वयं अधीनस्थ पदाधिकारियों द्वारा करता है। वह मुख्यमंत्री की नियुक्ति करता है तथा उसके परामर्श पर अन्य मन्त्रियों की। वह महाधिवक्ता और लोक सेवा आयोग के अध्यक्ष तथा सदस्यों की नियुक्ति करता है। उच्च न्यायालय के न्यायाधीशों की नियुक्ति के सम्बन्ध में राष्ट्रपति सम्बन्धित राज्य के राज्यपाल से भी परामर्श लेता है।
- **विधायी शक्तियां**—राज्यपाल राज्य की व्यवस्थापिका का एक अविभाज्य अंग है। वह व्यवस्थापिका का अधिवेशन बुलाता, स्थगित करता और व्यवस्थापिका के निम्न सदन विधानसभा को भंग कर सकता है। वह विधानमण्डल की पहली बैठक को सम्बोधित करता है और उसके बाद भी वह विधानमण्डल को सन्देश भेज सकता है। राज्य विधानमण्डल द्वारा पारित विधेयक पर राज्यपाल की स्वीकृति आवश्यक है। राज्यपाल विधेयक को अस्वीकृत कर सकता है या उसे पुनर्विचार के लिए विधानमण्डल को लौटा सकता है। यदि विधानमण्डल दूसरी बार विधेयक पारित कर देता है तो राज्यपाल को स्वीकृति देनी ही होगी। कुछ

विधेयकों को वह राष्ट्रपति के विचार के लिए सुरक्षित रख सकता है। यदि राज्य के विधानमण्डल का अधिवेशन न हो रहा हो, तो राज्यपाल अध्यादेश जारी कर सकता है।

- **वित्तीय शक्तियां**—राज्यपाल को कुछ वित्तीय शक्तियां भी प्राप्त हैं। राज्य विधानसभा में राज्यपाल की पूर्व स्वीकृति के बिना कोई भी धन विधेयक प्रस्तुत नहीं किया जा सकता। वह व्यवस्थापिका के समक्ष प्रति वर्ष बजट प्रस्तुत करवाता है और उसकी अनुमति के बिना किसी भी अनुदान की मांग नहीं की जा सकती है। राज्यपाल विधानमण्डल के पूरक, अतिरिक्त तथा अधिक अनुदानों की भी मांग कर सकता है। राज्य की संचित निधि राज्यपाल के ही अधिकार में रहती है।
- **न्यायिक शक्तियां**—संविधान के अनुच्छेद 161 के अनुसार जिन विषयों पर राज्य की कार्यपालिका शक्ति का विस्तार होता है उन विषयों से सम्बन्धी किसी विधि के विरूद्ध अपराध करने वाले व्यक्तियों के दण्ड को राज्यपाल कम कर सकता, स्थगित कर सकता, बदल सकता या उन्हें क्षमा प्रदान कर सकता है।
- **विविध शक्तियां**—वह राज्य लोक सेवा आयोग का वार्षिक प्रतिवेदन और राज्य की आय-व्यय के सम्बन्ध में महालेखा परीक्षक का प्रतिवेदन प्राप्त करता है और उन्हें विधानमण्डल के समक्ष रखवाता है। अगर वह देखता है कि राज्य का प्रशासन संविधान के उपबन्धों के अनुसार नहीं चलाया जा सकता है तो वह राष्ट्रपति को राज्य में संवैधानिक तन्त्र की विफलता के सम्बन्ध में सूचना देता है और उसकी रिपोर्ट के आधार पर अनुच्छेद 356 के अन्तर्गत राज्य में राष्ट्रपति शासन लागू होता है। संकटकालीन स्थिति में वह राज्य में राष्ट्रपति के प्रतिनिधि के रूप में कार्य करता है।

विधानसभा

- विधानसभा राज्य के विधानमण्डल का निम्न सदन है।
- विधानसभा के सदस्यों का निर्वाचन प्रत्यक्ष रूप से राज्य की जनता करती है।

- **सदस्य संख्या**—संविधान के अनुच्छेद 170 के अनुसार राज्य की विधानसभा के सदस्यों की अधिकतम संख्या 500 और न्यूनतम संख्या 60 होगी।
- **सदस्यों की योग्यताएं**—(i) वह भारत का नागरिक हो। (ii) कम-से-कम 25 वर्ष की आयु पूरी कर चुका हो। (iii) संसद द्वारा निर्धारित की गई योग्यताएं रखता हो। (iv) दिवालिया, पागल तथा सरकारी कर्मचारी न हो।
- **कार्यकाल**—साधारण अवस्था में राज्य विधानसभा का कार्यकाल उसकी पहली बैठक से पांच वर्ष का होता है। किन्तु राज्यपाल द्वारा इसे समय से पूर्व भी भंग किया जा सकता है। संकटकाल की घोषणा होने पर 1 वर्ष के लिए संसद इस अवधि को बढ़ा सकती है।
- **पदाधिकारी**—प्रत्येक राज्य की विधानसभा के दो मुख्य पदाधिकारी होते हैं—(1) अध्यक्ष, और (2) उपाध्यक्ष। इन दोनों का चुनाव विधानसभा के सदस्य अपने सदस्यों में से करते हैं तथा इनका कार्यकाल विधानसभा के कार्यकाल तक होता है।
- **अधिवेशन**—दो अधिवेशनों के मध्य छः माह से अधिक का अन्तराल नहीं होना चाहिए।

विधानसभा की शक्तियां

- (1) विधायी शक्तियां, (2) वित्तीय शक्तियां, (3) प्रशासनिक शक्तियां, (4) संविधान संशोधन की शक्तियां, (5) निर्वाचन सम्बन्धी शक्तियां।

विधानपरिषद

- राज्य के विधानमण्डल के दूसरे सदन को विधानपरिषद कहा जाता है। इसे उच्च सदन भी कहा जाता है।
- वर्तमान समय में विधानपरिषद भारतीय संघ के केवल 7 राज्यों (उत्तर प्रदेश, बिहार, महाराष्ट्र, कर्नाटक, जम्मू-कश्मीर, आन्ध्र प्रदेश, एवं तेलंगाना) में हैं।
- **सदस्य संख्या**—प्रत्येक राज्य की विधानपरिषद के सदस्यों की संख्या उनकी विधानसभा के सदस्यों की संख्या के 1/3 से अधिक

नहीं होगी, परन्तु साथ ही किसी भी दशा में उसकी सदस्य संख्या 40 से कम नहीं होनी चाहिए।

विधानपरिषद का गठन

(i) 1/3 सदस्य राज्य की स्थानीय संस्थाओं द्वारा चुने जाते हैं।

(ii) 1/3 सदस्य राज्य की विधानसभा द्वारा निर्वाचित होते हैं।

(iii) 1/12 सदस्य राज्य की पंजीकृत स्नातकों द्वारा निर्वाचित होते हैं।

(iv) 1/12 सदस्य राज्य के ऐसे अध्यापकों द्वारा निर्वाचित होते हैं जो माध्यमिक पाठशाला या इससे उच्च शिक्षण संस्था में कम से कम 3 वर्ष से अध्यापन कार्य कर रहे हों।

(v) 1/6 सदस्य राज्यपाल द्वारा मनोनीत किए जाते हैं। मनोनयन राज्यपाल द्वारा उन व्यक्तियों में से किया जाता है जो साहित्य, विज्ञान, कला और समाज सेवा के क्षेत्र में विशेष रुचि रखते हों।

- **कार्यकाल**—विधानपरिषद एक स्थाई सदन है। पूरी विधानपरिषद कभी भी भंग नहीं होती।
- विधानपरिषद के सदस्यों का कार्यकाल 6 वर्ष होता है।
- प्रति दो वर्ष पश्चात् एक-तिहाई सदस्य अपना पद छोड़ देते हैं और उनके स्थान नए सदस्य निर्वाचित होते हैं।
- **पदाधिकारी**—विधान-परिषद् अपने सदस्यों में से एक सभापति और एक उपसभापति का चुनाव करती है।

विधानपरिषद की शक्तियां तथा कार्य

- (1) कानून निर्माण सम्बन्धी कार्य, (2) कार्यपालिका सम्बन्धी कार्य, (3) वित्त सम्बन्धी कार्य।

सर्वोच्च न्यायालय

- **न्यायाधीशों की नियुक्ति**—राष्ट्रपति द्वारा ये नियुक्तियां सर्वोच्च न्यायालय से परामर्श के आधार पर की जाएगी। सर्वोच्च न्यायालय के मुख्य न्यायाधीश इस प्रसंग में राष्ट्रपति को परामर्श देने के पूर्व अनिवार्य रूप से 'चार वरिष्ठतम न्यायाधीशों के समूह'

से परामर्श प्राप्त करेंगे तथा न्यायाधीशों से प्राप्त परामर्श के आधार पर राष्ट्रपति को परामर्श देंगे।

- **न्यायाधीशों की योग्यताएं**—(1) वह भारत का नागरिक हो। (2) वह किसी उच्च न्यायालय अथवा दो या दो से अधिक उच्च न्यायालयों में लगातार कम-से-कम 5 वर्ष तक न्यायाधीश के रूप में कार्य कर चुका हो **या** किसी उच्च न्यायालय या उच्च न्यायालयों में लगातार 10 वर्ष तक अधिवक्ता रह चुका हो।
- **कार्यकाल तथा महाभियोग**—सर्वोच्च न्यायालय का प्रत्येक न्यायाधीश 65 वर्ष की आयु तक अपने पद पर आसीन रह सकता है। इस अवस्था के पूर्व वह स्वयं त्यागपत्र दे सकता है।
- इसके अतिरिक्त सिद्ध कदाचार अथवा असमर्थता के आधार पर संसद के द्वारा न्यायाधीश को उसके पद से हटाया जा सकता है।

सर्वोच्च न्यायालय का क्षेत्राधिकार

- **प्रारम्भिक क्षेत्राधिकार**—यह निम्न मामलों में प्राप्त है:
  - (i) भारत संघ तथा एक या एक से अधिक राज्यों के मध्य उत्पन्न विवादों में।
  - (ii) भारत संघ तथा कोई एक राज्य या अनेक राज्यों और एक या एक से अधिक राज्यों के बीच विवादों में।
  - (iii) दो या दो से अधिक राज्यों के बीच ऐसे विवाद में, जिसमें उनके वैधानिक अधिकारों का प्रश्न निहित है।
- **अपीलीय क्षेत्राधिकार**—इसे भारत के सभी उच्च न्यायालयों के निर्णयों के विरुद्ध अपील सुनने का अधिकार है। इसके अन्तर्गत तीन प्रकार के प्रकरण आते हैं—(i) सांविधानिक, (ii) दीवानी, (iii) फौजदारी।
- **परामर्शदात्री क्षेत्राधिकार**—राष्ट्रपति को यह अधिकार है कि वह सार्वजनिक महत्व के विवादों पर उच्चतम न्यायालय से परामर्श मांग सकता है। अनुच्छेद 143 के अंतर्गत दिए गए परामर्श को

स्वीकार या अस्वीकार करना राष्ट्रपति के विवेक पर निर्भर करता है।

- **अभिलेख न्यायालय**—संविधान के अनुच्छेद 129 के अंतर्गत इस न्यायालय के निर्णय सभी न्यायालयों के सामने साक्ष्य के रूप में स्वीकार किए जाएंगे और इसकी प्रामाणिकता के विषय में प्रश्न नहीं किया जाएगा।
- **मौलिक अधिकारों का रक्षक**—अनुच्छेद 32 सर्वोच्च न्यायालय को विशेष रूप से उत्तरदायी ठहराता है कि वह मौलिक अधिकारों को लागू कराने के लिए आवश्यक कार्रवाई करे। न्यायालय मौलिक अधिकारों की रक्षा के लिए बन्दी प्रत्यक्षीकरण, परमादेश, प्रतिषेध, अधिकारपृच्छा-लेख और उठोषण के लेख जारी कर सकता है।
- **जनहित अभियोग**—इस व्यवस्था के अन्तर्गत कोई भी व्यक्ति किसी ऐसे समूह अथवा वर्ग की ओर से न्यायालय में वाद दायर कर सकता है जिसे कानूनी अधिकारों से वंचित कर दिया गया हो।

उच्च न्यायालय

- संविधान द्वारा राज्यों के लिए उच्च न्यायालयों की व्यवस्था की गई है। संविधान के अनुच्छेद 216 के अनुसार प्रत्येक उच्च न्यायालय में एक मुख्य न्यायाधीश तथा कुछ अन्य न्यायाधीश होते हैं।
- **न्यायाधीशों की नियुक्ति**—प्रत्येक उच्च न्यायालय में एक मुख्य न्यायाधीश व कुछ अन्य न्यायाधीश होंगे जिनकी संख्या निश्चित करने का अधिकार राष्ट्रपति को है।
- मुख्य न्यायाधीश की नियुक्ति भारत के राष्ट्रपति भारत के मुख्य न्यायाधीश और उस राज्य के राज्यपाल के परामर्श से करेंगे तथा अन्य न्यायाधीशों की नियुक्ति में सम्बन्धित राज्य के मुख्य न्यायाधीश का भी परामर्श लेना होगा।

- **न्यायाधीशों की योग्यताएं**—(i) वह भारत का नागरिक हो। (ii) वह कम-से-कम 10 वर्ष तक भारत के किसी राज्य क्षेत्र में न्याय सम्बन्धी पद पर कार्य कर चुका हो। या एक या एक से अधिक उच्च न्यायालयों का लगातार 10 वर्ष तक अधिवक्ता रह चुका हो।
- **कार्यकाल**—उच्च न्यायालय के न्यायाधीशों का कार्यकाल 62 वर्ष की आयु तक निश्चित किया गया है परन्तु इससे पूर्व वह स्वयं पद त्याग कर सकता है।
- किसी न्यायाधीश की उच्चतम न्यायालय के न्यायाधीश को हटाए जाने की प्रक्रिया से ही राष्ट्रपति द्वारा पद से हटाया जा सकता है।

उच्च न्यायालय का क्षेत्राधिकार

- प्रारम्भिक क्षेत्राधिकार
- अपीलीय क्षेत्राधिकार
- उच्च न्यायालय में मुकदमों का हस्तान्तरण
- प्रशासकीय अधिकार

भारत का नियन्त्रक-महालेखा परीक्षक

- नियन्त्रक एवं महालेखा परीक्षक को सार्वजनिक धन का संरक्षक बनाया गया है एवं सम्पूर्ण वित्तीय प्रशासन को इसकी अविभाज्य सत्ता के अधीन कर दिया गया है।
- नियन्त्रक महालेखा परीक्षक की नियुक्ति राष्ट्रपति द्वारा की जाती है तथा नियुक्ति के पश्चात् उसे केवल सिद्ध कदाचार या असमर्थता के आधार पर ही पदच्युत किया जा सकता है।
- नियन्त्रक महालेखा परीक्षक को सर्वोच्च न्यायालय के न्यायाधीश के समान वेतन तथा भत्ते प्राप्त होते हैं।
- **कार्य और शक्तियां**—वह धन के लेन-देन पर नियन्त्रण रखता है।
- वह आय-व्यय सम्बन्धी लेखाओं की जांच भी करता है।

- नियन्त्रक-महालेखा परीक्षक संघ अथवा राज्य के लेखा सम्बन्धी प्रतिवेदन को राष्ट्रपति अथवा राज्यपाल, जैसी भी स्थिति हो, उसके समक्ष रखेगा।

भारत का महान्यायवादी

- भारतीय संविधान के अनुच्छेद 76 में भारत के महान्यायवादी की चर्चा की गई है। वह भारत सरकार का प्रथम विधि अधिकारी होता है।
- इस पद पर राष्ट्रपति द्वारा ऐसे किसी व्यक्ति की नियुक्ति की जाती है, जिसमें उच्चतम न्यायालय का न्यायाधीश नियुक्त होने की योग्यता हो।
- **कार्य**—भारत सरकार को संवैधानिक प्रश्नों तथा विधि सम्बन्धी विषयों पर सलाह देना।
- सर्वोच्च न्यायालय में सुने जाने वाले ऐसे सभी मुकदमों में भारत सरकार की ओर से वकालत करना जिनका सम्बन्ध भारत सरकार से हो।
- वे सभी कार्य करना जो संविधान अथवा कानून द्वारा उसे सौंपे जाएं अथवा राष्ट्रपति जिन कार्यों के लिए उसे निर्देशित करें।

निर्वाचन आयोग

- मुख्य चुनाव आयुक्त तथा अन्य चुनाव आयुक्तों की नियुक्ति संसद द्वारा निर्मित विधि के अधीन रहते हुए राष्ट्रपति द्वारा की जाती है।
- मुख्य चुनाव आयुक्त का कार्यकाल 6 वर्ष या 65 वर्ष की आयु जो पहले हो, तक होगा। अन्य चुनाव आयुक्तों का कार्यकाल 6 वर्ष या 62 वर्ष की आयु, जो भी पहले हो, तक होगा।
- मुख्य चुनाव आयुक्त को केवल उसी प्रकार पदच्युत किया जा सकता है जिस प्रकार सर्वोच्च न्यायालय के न्यायाधीश को।

राजभाषा आयोग

- संविधान के अनुच्छेद 344 के अन्तर्गत राष्ट्रपति को यह अधिकार है कि वह राजभाषा से सम्बन्धित कुछ विषयों के बारे में सलाह

देने के लिए एक आयोग और एक संसदीय समिति नियुक्त कर सकता है।

- राजभाषा आयोग की नियुक्ति संविधान के आरम्भ से 5 वर्ष की समाप्ति पर और उसके बाद हर दस वर्ष की समाप्ति पर करने का प्रावधान है।
- राष्ट्रपति आठवीं अनुसूची में दी गई विभिन्न भाषाओं का प्रतिनिधित्व करने वाले लोगों की सहायता से ऐसे आयोग गठित करेगा।
- वर्ष 1955 में पहला राजभाषा आयोग गठित किया गया था। इसके अध्यक्ष श्री बी. जी. खेर थे।

परिसीमन आयोग

- संविधान के अनुच्छेद 82 के अनुसार प्रत्येक जनगणना के बाद संसद द्वारा विहित प्राधिकारी द्वारा निर्वाचन क्षेत्रों के पुनर्संयोजन की बात कही गई है।
- अब तक देश में 4 परिसीमन आयोग क्रमश: 1952, 1962, और 1973, 2004 में गठित किए जा चुके हैं।

केन्द्रीय सर्तकता आयोग

- केन्द्रीय स्तर पर प्रशासनिक तन्त्र पर निगरानी रखने तथा भ्रष्टाचार रोकने की सबसे महत्वपूर्ण संस्था केंद्रीय सतर्कता आयोग (CVC) है।
- इसकी स्थापना 1964 में एक सरकारी अधिसूचना के द्वारा 'सन्थानम समिति' की सिफारिश पर की गई थी।
- मुख्य सतर्कता आयुक्त इसका प्रमुख अधिकारी होता है।

संविधान समीक्षा आयोग

- इस आयोग का गठन 22 फरवरी, 2002 को संविधान के मूल स्वरूप को बनाए रखते हुए उसके विभिन्न प्रावधानों को और अधिक प्रभावी बनाने के लिए सुझाव देने हेतु किया गया था।

पंचायती राज व्यवस्था

- यह एक त्रि-स्तरीय व्यवस्था है जिसके अन्तर्गत ग्राम स्तर पर ग्राम-पंचायतों, ब्लाक स्तर पर क्षेत्र पंचायतों तथा जनपद स्तर पर जिला पंचायतों का प्रबन्ध किया गया है।
- पंचायती राज व्यवस्था का आरंभ 2 अक्टूबर, 1959 को तत्कालीन प्रधानमन्त्री श्री नेहरू द्वारा राजस्थान के नागौर जिले से किया गया।
- पंचायती राज व्यवस्था को संवैधानिक दर्जा प्रदान करने के उद्देश्य से 1993 में 73वां संवैधानिक संशोधन अधिनियम पारित किया गया।

संविधान के प्रमुख संशोधन

- **पहला संशोधन** (1950)—इस संशोधन द्वारा अनुच्छेद 15, 19, 31, 85, 87, 174, 176, 372 तथा 376 में संशोधन किया गया और नौवीं अनुसूची को शामिल किया गया।
- **दूसरा संशोधन** (1952)—लोकसभा में प्रतिनिधित्व की व्यवस्था में परिवर्तन।
- **नौवा संशोधन** (1960)—प्रथम अनुसूची में आवश्यक परिवर्तन करके बेरूबाड़ी क्षेत्र पाकिस्तान को दे दिया गया।
- **15वां संशोधन** (1963)—उच्च न्यायालय के न्यायाधीशों की सेवानिवृत्ति की आयु 60 वर्ष से बढ़ाकर 62 वर्ष की गई, सेवानिवृत्त न्यायाधीशों की नियुक्ति की अनुमति तथा उच्च न्यायालय के अधिकार-क्षेत्र में वृद्धि की गई।
- **24वां संशोधन** (1971)—संसद को मूल अधिकारों सहित संविधान के किसी भी उपबन्ध में संशोधन करने का अधिकार प्रदान किया गया।
- **31वां संशोधन** (1973)—लोकसभा की अधिकतम सदस्य संख्या 545 निश्चित की गई।
- **36वां संशोधन** (1975)—सिक्किम को भारतीय संघ में संघ के 22वें राज्य के रूप में प्रवेश।

- **42वां संशोधन** (1976)—(i) संविधान की प्रस्तावना में 'पंथनिरपेक्ष', 'समाजवादी' और 'अखण्डता' शब्द जोड़े गए। (ii) इसके द्वारा मूल अधिकारों के साथ-साथ मूल कर्तव्यों की व्यवस्था करते हुए नागरिकों के 10 मूल कर्तव्य निश्चित किए गए। (iii) इसके अनुसार नीति-निदेशक तत्वों को प्रभावी करने के लिए मूलाधिकारों में संशोधन किया जा सकता है। (iv) लोकसभा तथा विधानसभाओं के कार्यकाल में एक वर्ष की वृद्धि की गई। (v) निदेशक तत्वों में कुछ नवीन तत्व जोड़े गए।
- **44वां संशोधन** (1978)—विधि के प्राधिकार के बिना किसी व्यक्ति को उसकी संपत्ति से वंचित नहीं किया जायेगा। आपातकाल अब आंतरिक अशांति के आधार पर नहीं बल्कि सशस्त्र विद्रोह के आधार पर ही लगाया जा सकेगा। इसके अतिरिक्त सम्पत्ति के अधिकार को मूल अधिकारों की सूची से हटाकर कानूनी अधिकार का दर्जा प्रदान किया गया।
- **52वां संशोधन** (1985)—संविधान के अनुच्छेद 102 और 191 में संशोधन कर संविधान में दसवीं अनुसूची जोड़ी गई।
- **56वां संशोधन** (1987)—इसमें गोआ को पूर्ण राज्य का दर्जा देने तथा 'दमन व दीव' को नया संघीय क्षेत्र बनाने की व्यवस्था है।
- **61वां संशोधन** (1989)—मताधिकार के लिए न्यूनतम आवश्यक आयु 21 वर्ष कर दी गई है।
- **69वां संशोधन** (1991)—दिल्ली का नाम 'राष्ट्रीय राजधानी राज्य क्षेत्र दिल्ली' किया गया तथा इसके लिए 70 सदस्यीय विधानसभा तथा 7 सदस्यीय मन्त्रिमण्डल के गठन का प्रावधान किया गया।
- **70वां संशोधन** (1992)—दिल्ली तथा पाण्डिचेरी संघ राज्य क्षेत्रों के विधानसभाओं के सदस्यों को राष्ट्रपति के निर्वाचक मण्डल में शामिल करने का प्रावधान।
- **71वां संशोधन** (1992)—तीन और भाषाओं—कोंकणी, मणिपुरी और नेपाली को संविधान की आठवीं अनुसूची में सम्मिलित किया गया।

- **73वां संशोधन** (1992)—संविधान में एक नया भाग 9 तथा ग्यारहवीं अनुसूची जोड़ी गई है और पंचायती राज व्यवस्था को संवैधानिक दर्जा प्रदान किया गया है।
- **74वां संशोधन** (1992)—शहरी क्षेत्र की स्थानीय स्वशासन संस्थाओं को संवैधानिक दर्जा प्रदान किया गया है।
- **77वां संशोधन** (1995)—अनुसूचित जातियों तथा जनजातियों को पदोन्नति में आरक्षण की सुविधा।
- **84वां संशोधन** (2001)—लोकसभा एवं विधानसभाओं की सीटों की संख्या में सन् 2026 तक कोई परिवर्तन नहीं किया जायेगा।
- **86वां संशोधन** (2002)—6 से 14 वर्ष तक की आयु के बच्चों के लिए नि:शुल्क और अनिवार्य शिक्षा देने का प्रावधान।
- **88वां संशोधन** (2003)—केन्द्र सरकार द्वारा सेवा कर की वसूली एवं उसका केन्द्र तथा राज्य सरकारों में वितरण।
- **91वां संशोधन** (2003)—दल बदल एवं मंत्रियों की संख्या पर नियन्त्रण।
- **94वां संशोधन** (2006)—बिहार मन्त्रिमण्डल में आदिवासी मामलों के मन्त्री की कानूनन अनिवार्य नियुक्ति की समाप्ति तथा छत्तीसगढ़ एवं झारखण्ड राज्यों में आदिवासी मामलों के मन्त्री की मन्त्रिमण्डल में नियुक्ति अनिवार्य।

संविधान की अनुसूचियां

- **प्रथम अनुसूची**—इसमें भारतीय संघ के घटक राज्यों और संघीय क्षेत्रों का उल्लेख है।
- **द्वितीय अनुसूची**—इसमें राष्ट्रपति, राज्यपाल, लोकसभा के अध्यक्ष और उपाध्यक्ष, विधानपरिषद के सभापति और उप-सभापति, उच्चतम न्यायालय और उच्च न्यायालयों के न्यायाधीशों और भारत के नियन्त्रक एवं महालेखा परीक्षक, आदि को प्राप्त होने वाले वेतन, भत्ते और पेन्शन आदि का उल्लेख है।

- **तृतीय अनुसूची**—इसमें विभिन्न जनप्रतिनिधियों द्वारा पद ग्रहण के समय ली जाने वाली शपथ की व्यवस्था व प्रारूप का वर्णन है।
- **चतुर्थ अनुसूची**—विभिन्न राज्यों तथा संघीय क्षेत्रों के राज्यसभा में प्रतिनिधित्व का विवरण है।
- **पांचवीं अनुसूची**—इसमें अनुसूचित जातियों और अनुसूचित जनजातियों के प्रशासन और नियन्त्रण के बारे में उल्लेख है।
- **छठी अनुसूची**—इसमें असम, मेघालय, त्रिपुरा और मिजोरम राज्यों के जनजाति क्षेत्रों के प्रशासन के बारे में प्रावधान है।
- **सातवीं अनुसूची**—इसमें संघ सूची, राज्य सूची और समवर्ती सूची के विषयों का उल्लेख है।
- **आठवीं अनुसूची**—इसमें भारत की 22 भाषाओं का उल्लेख किया गया है।
- **नौवीं अनुसूची**—इसके अन्तर्गत राज्य द्वारा सम्पत्ति के अधिग्रहण की विधियों का उल्लेख किया गया है। इस अनुसूची में सम्मिलित विधियों को न्यायालय में चुनौती नहीं दी जा सकती।
- **दसवीं अनुसूची**—इसमें दल-बदल रोकने से सम्बन्धित प्रावधानों का उल्लेख है। दिसम्बर, 2003 में 91वें संविधान संशोधन के द्वारा दल-बदल से सम्बन्धित प्रावधानों में महत्वपूर्ण परिवर्तन किया गया।
- **ग्यारहवीं अनुसूची**—इसके आधार पर 'पंचायती राजव्यवस्था' को संवैधानिक दर्जा प्रदान किया गया।
- **बारहवीं अनुसूची**—शहरी क्षेत्र की स्थानीय स्वशासन संस्थाओं को संवैधानिक दर्जा प्रदान किया गया।

भारतीय अर्थव्यवस्था

- भारतीय अर्थव्यवस्था एक कृषि प्रधान अर्थव्यवस्था है। भारत की 49 प्रतिशत जनसंख्या कृषि कार्यों में संलग्न है और GDP का 17.5 प्रतिशत भाग कृषि से प्राप्त होता है।

- विश्व के विकसित राष्ट्रों की तुलना में भारत की प्रति व्यक्ति आय का स्तर बहुत कम है। *World Development Report*, 2014 के अनुसार भारत की प्रति व्यक्ति आय केवल 720 डॉलर है।
- भारत में पूंजी निर्माण की दर विकसित राष्ट्रों की तुलना में कम है। वर्ष 2014-2015 में भारत में सकल घरेलू पूंजी निर्माण दर GDP का 34.2% रही।
- भारत में सम्पत्ति एवं आय का एक बहुत बड़ा भाग कुछ प्रतिशत लोगों के हाथों में ही केन्द्रित होकर रह गया है।
- जनसंख्या का एक बड़ा भाग गरीबी एवं अभाव में जीवन-यापन करता है।
- भारत में बेरोजगार एवं अदृश्य बेरोजगार व्यक्तियों की बड़ी संख्या भी भारतीय अर्थव्यवस्था के अल्पविकसित होने का बोध कराती है।

भारत में नियोजन

- **1934**—सर एम. विश्वेश्वरैया ने अपनी पुस्तक 'Planned Economy for India' में 10-वर्षीय योजना प्रस्तुत की जिसका मूल उद्देश्य 10 वर्षों में राष्ट्रीय आय को दुगना करना, औद्योगिक उत्पादन में वृद्धि करना, लघु एवं बड़े उद्योगों का समन्वित विकास करना था।
- **1938**—भारतीय राष्ट्रीय कांग्रेस ने पं. जवाहर लाल नेहरू के नेतृत्व में एक राष्ट्रीय नियोजन समिति का गठन किया जिसने देश की आर्थिक समस्याओं को ध्यान में रखकर सरकार के समक्ष एक योजना प्रस्तुत की।
- **1944**—बम्बई के 8 प्रमुख उद्योगपतियों ने मिलकर एक 15-वर्षीय योजना का प्रारूप प्रस्तुत किया जिसे 'बाम्बे प्लान' के नाम से जाना गया।
- श्री एम. एन. राय द्वारा साम्यवादी सिद्धान्तों के आधार पर एक 'जन योजना' प्रस्तुत की गई।

- **1950**—श्री जयप्रकाश नारायण ने शोषण विहीन समाज की स्थापना के उद्देश्य से 'सर्वोदय योजना' प्रस्तुत की। सरकार ने इस योजना को आंशिक रूप में स्वीकार किया।
- 15 मार्च, 1950 को भारत सरकार के एक प्रस्ताव द्वारा योजना आयोग का गठन किया गया।
- योजना आयोग के प्रथम अध्यक्ष तत्कालीन प्रधानमंत्री पं. जवाहर लाल नेहरू थे।
- 6 अगस्त, 1952 को राष्ट्रीय विकास परिषद का गठन किया गया। प्रधानमंत्री इस परिषद के पदेन अध्यक्ष होते हैं।

भारत की पंचवर्षीय योजनाएं

योजनाएं	अवधि	उद्देश्य
प्रथम पंचवर्षीय योजना	1951-1956	कृषि, विद्युत व सिंचाई विकास
द्वितीय पंचवर्षीय योजना	1956-1961	औद्योगीकरण, चिकित्सा एवं स्वास्थ्य
तृतीय पंचवर्षीय योजना	1961-1966	खाद्यान्न एवं उद्योग
चतुर्थ पंचवर्षीय योजना	1969-1974	कृषि एवं सिंचाई
पांचवीं पंचवर्षीय योजना	1974-1979	गरीबी उन्मूलन, जन स्वास्थ्य एवं समाज कल्याण
छठी पंचवर्षीय योजना	1980-1985	कृषि, उद्योग एवं ऊर्जा
सातवीं पंचवर्षीय योजना	1985-1990	ऊर्जा एवं खाद्यान्न आत्मनिर्भरता
आठवीं पंचवर्षीय योजना	1992-1997	मानव संसाधन-शिक्षा, स्वास्थ्य एवं रोजगार विकास
नौवीं पंचवर्षीय योजना	1997-2002	सामाजिक न्याय, ग्राम विकास एवं रोजगार

दसवीं पंचवर्षीय योजना	2002-2007	रोजगार, ऊर्जा सुधार तथा सामाजिक अवसंरचना का विकास
ग्यारहवीं पंचवर्षीय योजना	2007-2012	व्यापक तथा समावेशी विकास
बारहवीं पंचवर्षीय योजना	2012-2017	त्वरित, सतत एवं समावेशी विकास

भारत में राष्ट्रीय आय

- राष्ट्रीय आय से अर्थ किसी देश में एक वर्ष के मध्य उत्पादित सभी वस्तुओं एवं सेवाओं के बाजार-मूल्य के कुल जोड़ से है जिसे ह्रास घटाकर व विदेशी लाभ जोड़ कर निकाला जाता है।
- केन्द्रीय सांख्यिकी कार्यालय (CSO) राष्ट्रीय आय, उपभोग व्यय, बचत और पूंजी निर्माण के अनुमान तैयार कर उन्हें जारी करता है।
- उसने सर्वप्रथम वर्ष 1956 में आधार वर्ष 1948-49 के अनुसार राष्ट्रीय आय के पहले अधिकारिक अनुमान तैयार किए थे।

भारत की राष्ट्रीय आय में क्षेत्रवार योगदान

- **प्राथमिक क्षेत्र** : कृषि, वानिकी, मत्स्य, खनन
- **द्वितीयक क्षेत्र** : निर्माण एवं विनिर्माण
- **तृतीयक क्षेत्र** : व्यापार, परिवहन, संचार, बैंक, बीमा, वास्तविक जायदाद, सामाजिक, सामुदायिक एवं वैयक्तिक सेवाएं

भारत में गरीबी

- **निरपेक्ष गरीबी** से अभिप्राय मानव की आधारभूत आवश्यकताओं; खाना, कपड़ा, स्वास्थ्य सुविधा, आदि की पूर्ति हेतु पर्याप्त वस्तुओं एवं सेवाओं को जुटा पाने में असमर्थता से है।
- **सापेक्ष गरीबी** का अभिप्राय आय की असमानताओं से है। सापेक्ष गरीबी अन्तर्राष्ट्रीय आर्थिक असमानता अथवा क्षेत्रीय आर्थिक असमानताओं का बोध कराती है।

- योजना आयोग द्वारा गठित विशेषज्ञ दल "Task Force on Minimum Needs and Effective Consumption Demand" के अनुसार ग्रामीण क्षेत्र में प्रति व्यक्ति 2,400 कैलोरी प्रतिदिन तथा शहरी क्षेत्र में प्रति व्यक्ति 2,100 कैलोरी प्रतिदिन का पोषण प्राप्त न करने वाला व्यक्ति गरीबी रेखा के नीचे माना जाता है।

भारत में बेरोजगारी

- जब समाज में प्रचलित पारिश्रमिक पर भी काम करने के इच्छुक एवं सक्षम व्यक्तियों को कोई कार्य नहीं मिलता तब ऐसे व्यक्तियों को बेरोजगार तथा ऐसी समस्या को बेरोजगारी की समस्या कहा जाता है।
- **संरचनात्मक बेरोजगारी**—दीर्घकालीन प्रवृत्ति की यह बेरोजगारी अर्थव्यवस्था के ढांचे के पिछड़ेपन, सीमित पूंजी एवं श्रम के बाहुल्य के कारण उत्पन्न होती है।
- **अदृश्य बेरोजगारी**—कृषि क्षेत्र में पाई जाने वाली यह बेरोजगारी उस स्थिति का सूचक है जब श्रमिकों की सीमान्त उत्पादकता शून्य होती है अर्थात् इन व्यक्तियों को कृषि क्षेत्रों से हटाकर अन्यत्र भेजे जाने पर कृषि क्षेत्र की उत्पादकता पर प्रतिकूल प्रभाव नहीं पड़ता।
- **मौसमी बेरोजगारी**—इसके अन्तर्गत सम्पूर्ण वर्ष के विशेष मौसमों में जब श्रमिकों को कार्य नहीं मिलता तो उसे मौसमी बेरोजगारी कहा जाता है। भारत के कृषि क्षेत्र में इस प्रकार की बेरोजगारी का साम्राज्य है।
- **अल्प रोजगारी**—जब व्यक्ति अपनी कार्यक्षमता के अनुसार कार्य न पाकर अपनी योग्यता एवं क्षमता से कम स्तर वाला कार्य करता है, तब यह अल्प–रोजगार कहलाता है।

भारतीय कृषि

- देश की श्रम शक्ति का 52% भाग कृषि क्षेत्र से आजीविका प्राप्त करता है।

- कृषि क्षेत्र देश के सकल घरेलू उत्पाद GDP में 17.5% का योगदान करता है।
- कृषि क्षेत्र का देश के कुल निर्यात मूल्यों में योगदान वर्ष 2014-15 में 9.08% रहा।
- चीन और अमेरिका के बाद भारत विश्व में उर्वरकों का सबसे बड़ा उत्पादक और उपभोक्ता देश है।
- भारत में गेहूं का सर्वाधिक उत्पादन उत्तर प्रदेश में होता है।
- चावल का सर्वाधिक उत्पादन करने वाला राज्य पश्चिम बंगाल है।
- मोटे अनाज का सर्वाधिक उत्पादन महाराष्ट्र में होता है।
- दालों का सर्वाधिक उत्पादन मध्य प्रदेश में होता है।
- चाय के उत्पादन एवं उपभोग में भारत का विश्व में प्रथम स्थान है।
- फल तथा वनस्पतियों के उत्पादन की दृष्टि से भारत का विश्व में दूसरा स्थान है।
- पशु संख्या की दृष्टि से भारत का विश्व में पहला स्थान है।
- विश्व में भारत अंडे की पैदावार के मामले में पांचवें स्थान पर है।
- भारत विश्व का सबसे बड़ा दुग्ध उत्पादक राष्ट्र है। अमेरिका का दुग्ध उत्पादन में दूसरा स्थान है।
- **हरित क्रान्ति** : हरित क्रान्ति का सम्बन्ध कृषि क्षेत्र में उत्पादक तकनीक के सुधार एवं कृषि उत्पादकता में वृद्धि करने से है। देश में हरित क्रान्ति 1960 के दशक के मध्य से प्रारम्भ हुई।
- **पीली क्रान्ति** : खाद्य तेलों और तिलहन फसलों के उत्पादन के क्षेत्र में अनुसन्धान और विकास।
- **श्वेत क्रान्ति** : दूध के क्षेत्र में क्रान्ति उत्पन्न करके उत्पादकता बढ़ाने के कार्यक्रमों को ही श्वेत क्रान्ति का नाम दिया गया। श्वेत क्रान्ति की गति को और तेज करने के उद्देश्य से "आपरेशन फ्लड" नामक योजना आरम्भ की गयी।

- **नीली क्रान्ति** : मछली उत्पादन के क्षेत्र में हुई प्रगति को नीली क्रान्ति के रूप में जाना जाता है।

भारत में उद्योग

- 24 जुलाई, 1991 को भारत सरकार द्वारा घोषित औद्योगिक नीति में व्यापक परिवर्तन किए गए और उसे '**उदारवादी औद्योगिक नीति**' का स्वरूप प्रदान किया गया।
- **उद्देश्य**—नवीन औद्योगिक नीति के प्रमुख उद्देश्य हैं : 1. उत्पादकता में निरन्तर वृद्धि बनाये रखना, 2. लाभकारी रोजगार के अवसरों में वृद्धि करना, 3. मानव संसाधनों का अधिकतम उपयोग करना, 4. अन्तर्राष्ट्रीय प्रतिस्पर्द्धात्मक स्थिति प्राप्त करना और 5. विश्व स्तर पर भारत को एक प्रमुख भागीदार तथा प्रतियोगी के रूप में परिवर्तित करना।

भारत में लघु उद्योग एवं सार्वजनिक क्षेत्र

- **विनिर्माण उद्यम** : छोटे उद्यम—25 लाख रुपए तक का निवेश। लघु उद्यम—25 लाख रुपए से अधिक एवं 5 करोड़ रुपए तक का निवेश। मझौले उद्यम—5 करोड़ रुपए से अधिक एवं 10 करोड़ रुपए तक का निवेश।
- **सेवा उद्यम** : छोटे उद्यम—10 लाख रुपए तक का निवेश। लघु उद्यम—10 लाख रुपए से अधिक एवं 2 करोड़ रुपए तक का निवेश। मझौले उद्यम—2 करोड़ रुपए से अधिक एवं 5 करोड़ रुपए तक का निवेश।

भारतीय रिजर्व बैंक

- यह भारत का केन्द्रीय बैंक है।
- 1 अप्रैल, 1935 को 5 करोड़ रुपए की अधिकृत पूंजी के साथ रिजर्व बैंक की स्थापना की गई।
- 1 जनवरी, 1949 को रिजर्व बैंक का राष्ट्रीयकरण किया गया।
- रिजर्व बैंक का मुख्यालय मुम्बई में है।

- वर्तमान समय में RBI करैन्सी नोट जारी करने के लिए न्यूनतम निधि पद्धति (Minimum Reserve System) अपनाता है।

भारतीय रिजर्व बैंक के कार्य

- (I) नोट निर्गमन का एकाधिकार, (ii) साख नियंत्रण, (iii) सरकार का बैंकर, (iv) बैंक व्यवस्था का नियमन एवं नियंत्रण, (v) समाशोधन व्यवस्था, (vi) बैंकों का बैंक, (vi) विदेशी विनिमय व्यवस्था।
- भारतीय करैन्सी व्यवस्था की इकाई रुपया है जिसमें कागजी करैन्सी और सिक्के दोनों प्रचलित हैं।
- सिक्के एवं एक रुपए का नोट (जिसका मुद्रण अब बन्द कर दिया गया है) भारत सरकार निर्गत करती है।
- जबकि 5, 10, 20, 50, 100, 500 तथा 2000 रुपए के करैन्सी नोट भारतीय रिजर्व बैंक निर्गत करता है।

स्टेट बैंक ऑफ इंडिया

- स्टेट बैंक ऑफ इण्डिया 1 जुलाई, 1955 को इम्पीरियल बैंक ऑफ इण्डिया के राष्ट्रीयकरण के बाद स्थापित किया गया।
- स्टेट बैंक ऑफ इण्डिया (SBI) का केन्द्रीय कार्यालय मुम्बई में स्थित है।
- सार्वजनिक क्षेत्र के बैंकों में भारतीय स्टेट बैंक समूह की 15,000 से अधिक शाखाएं कार्य कर रही हैं।
- SBI के राष्ट्रीयकरण के समय इसके साथ अन्य 5 बैंकों को भी SBI के सहायक बैंक के रूप में बदल दिया गया था और इसे स्टेट बैंक समूह का नाम दिया गया।

बैंक का राष्ट्रीयकरण

- बैंकों को राष्ट्रीय नियोजन की मुख्य धारा से जोड़ने के उद्देश्य से सरकार ने 19 जुलाई, 1969 को 14 बड़े व्यापारिक बैंकों (जिनकी जमाएं 50 करोड़ रुपये से अधिक थीं) का राष्ट्रीयकरण कर दिया। ये बैंक थे—1. सेण्ट्रल बैंक ऑफ इण्डिया, 2. पंजाब

नेशनल बैंक, 3. बैंक ऑफ इण्डिया, 4. यूनाइटेड कॉमर्शियल बैंक, 5. सिंडीकेट बैंक, 6. केनरा बैंक, 7. बैंक ऑफ बड़ौदा 8. यूनाइटेड बैंक ऑफ इण्डिया 9. यूनियन बैंक ऑफ इण्डिया, 10. देना बैंक, 11. इलाहाबाद बैंक 12. इण्डियन बैंक 13. इण्डियन ओवरसीज बैंक, 14. बैंक ऑफ महाराष्ट्र।

- पुन: 15 अप्रैल, 1980 को सरकार ने 6 बड़े व्यापारिक बैंकों (जिनकी जमाएं 200 करोड़ रुपये से अधिक थीं) का राष्ट्रीयकरण कर दिया : 1. आन्ध्रा बैंक, 2. पंजाब एण्ड सिंध बैंक, 3. न्यू बैंक ऑफ इण्डिया, 4. विजया बैंक, 5. ऑरियन्टल बैंक ऑफ कामर्स, 6. कार्पोरेशन बैंक।
- वर्तमान में राष्ट्रीयकृत व्यापारिक बैंकों की कुल संख्या 19 है।

क्षेत्रीय ग्रामीण बैंक

- भारत में ग्रामीण साख की कमी को दूर करने के उद्देश्य से सरकार ने 26 सितम्बर, 1975 को एक अध्यादेश द्वारा देश में क्षेत्रीय ग्रामीण बैंक (RRB) की घोषणा की।
- देश में 2 अक्टूबर, 1975 को पांच क्षेत्रीय ग्रामीण बैंक स्थापित किए गए।
- क्षेत्रीय ग्रामीण बैंक वर्तमान में सिक्किम और गोवा के अतिरिक्त सभी राज्यों में कार्य कर रहे हैं।
- केलकर समिति की सिफारिशों को ध्यान में रखकर सरकार ने अप्रैल 1987 के बाद से कोई क्षेत्रीय ग्रामीण बैंक स्थापित नहीं किया है।

राष्ट्रीय कृषि एवं ग्रामीण विकास बैंक (नाबार्ड)

- देश में कृषि एवं ग्रामीण वित्तीय आवश्यकताओं की पूर्ति के लिए और साथ ही विभिन्न वित्तीय संस्थाओं के क्रियाकलापों में उचित समन्वय स्थापित करने के लिए 12 जुलाई, 1982 को राष्ट्रीय कृषि एवं ग्रामीण विकास बैंक (नाबार्ड) की स्थापना की गई।

भारत में स्टॉक एक्सचेंज

- नवम्बर 1992 में नेशनल स्टॉक एक्सचेंज का गठन हुआ।

- अप्रैल 1993 में उसे स्टॉक एक्सचेंज के रूप में मान्यता मिली।
- जून 1994 में थोक उधार बाजार की शुरूआत हुई।
- नवम्बर 1994 में पूंजी बाजार में शेयरों की खरीद-फरोख्त शुरू हुई।
- बॉम्बे स्टॉक एक्सचेंज की स्थापना 1875 में हुई थी, तब इसका नाम द नेटिव शेयर एण्ड स्टॉक ब्रोकर्स एसोसिएशन था।
- यह एशिया का सबसे पुराना स्टॉक एक्सचेंज या शेयर बाजार है।
- यह ऐसा पहला शेयर बाजार है, जिसे वर्ष 1956 में भारत सरकार द्वारा मान्यता मिली थी।
- पूंजी बाजार में निवेश को संरक्षण प्रदान करने तथा निवेशकों में विश्वास की भावना उत्पन्न करने के उद्देश्य से 12 अप्रैल, 1988 को भारतीय प्रतिभूति एवं विनिमय बोर्ड (SEBI) की स्थापना की गई।
- 30 जनवरी, 1992 को एक अध्यादेश जारी करके इस संस्था को वैधानिक दर्जा प्रदान कर दिया गया।
- इसका मुख्यालय मुम्बई में है तथा इसके क्षेत्रीय कार्यालय कोलकाता, दिल्ली तथा चेन्नई में हैं।

भारतीय कर ढांचा

- (1) **केन्द्र सरकार के कर**—इन करों को लगाने व इनको वसूल करने का अधिकार केवल केन्द्र सरकार का है। जैसे—निगम कर, सीमा शुल्क, स्टाम्प शुल्क, रेल भाड़े व किराए पर कर आदि।
- (2) **राज्य सरकारों के कर**—कुछ कर इस प्रकार के हैं जिन्हें लगाने व वसूल करने का अधिकार केवल राज्य सरकारों का है जैसे—भू-राजस्व, कृषि आय पर कर, बिक्री कर, मनोरंजन कर, पेशेवर कर, प्रलेखों पर स्टाम्प शुल्क, आदि।
- **धन कर** (Wealth Tax)—यह कर प्रतिवर्ष किसी व्यक्ति की सम्पत्ति के कुल मूल्य पर लगाया जाता था।
- इसकी सर्वप्रथम शुरूआत 1957-58 से हुई।

- **सेवा कर** (Service Tax)—वर्ष 1994-95 से लागू सेवा कर राजस्व प्राप्ति का महत्वपूर्ण स्रोत बन गया है।
- **प्रतिभूति कारोबार कर** (Securities Transaction Tax)—स्टॉक एक्सचेंजों की प्रतिभूतियों के व्यापार पर यह कर स्थापित किया गया है। यह प्रशासनिक रूप से सरल है और लागू करने में आसान है।
- यह कर 1 अक्टूबर, 2004 से प्रभावी है।
- **मूल्य वर्धित कर** (Value Added Tax-VAT)—यह वस्तुत: विक्रय कर का एक विकल्प है।

वित्त आयोग

- संविधान के अनुच्छेद 280 (I) में यह प्रावधान है कि राष्ट्रपति द्वारा प्रत्येक पांच वर्ष के पश्चात् केन्द्र एवं राज्य सरकारों के मध्य वित्तीय सम्बन्धों की समीक्षा के लिए वित्त आयोग गठित किया जाएगा।

भारत के वित्त आयोग

वित्त आयोग	नियुक्ति वर्ष	क्रियान्वयन अवधि	अध्यक्ष
पहला	1951	1952-57	के. सी. नियोगी
दूसरा	1956	1957-62	के. संथानम
तीसरा	1960	1962-66	ए. के. चन्द्रा
चौथा	1964	1966-69	पी. वी. राजमन्नार
पांचवां	1968	1969-74	महावीर त्यागी
छठा	1972	1974-79	ब्रह्मानन्द रेड्डी
सातवां	1977	1979-84	जे. एम. शैलट
आठवां	1983	1984-89	वाई. बी. चव्हाण
नौवां	1987	1989-95	एन. के. पी. साल्वे
दसवां	1992	1995-2000	के. सी. पन्त
ग्यारहवां	1998	2000-2005	प्रो. ए. एम. खुसरो
बारहवां	2003	2005-2010	डॉ. सी. रंगराजन

तेरहवां	2007	2010-2015	डॉ. विजय एल. केलकर
चौदहवां	2012	2015-2020	वाई. वी. रेड्डी

भारत के प्रमुख वित्तीय संस्थान

संस्थान का नाम	स्थापना वर्ष
भारतीय औद्योगिक वित्त निगम	1 जुलाई, 1948
राज्य वित्त निगम	28 सितम्बर, 1951
भारतीय औद्योगिक साख एवं विनियोग निगम	5 जनवरी, 1955
भारतीय औद्योगिक विकास बैंक	1 जुलाई, 1964
भारतीय यूनिट ट्रस्ट	1 जुलाई, 1964
भारतीय निर्यात-आयात बैंक	1 जनवरी, 1982
भारतीय लघु उद्योग विकास बैंक	2 अप्रैल, 1990
भारतीय औद्योगिक निवेश बैंक लिमिटेड	17 मार्च, 1997

आर्थिक शब्दावली

- **कुल राष्ट्रीय उत्पाद** (GNP) : एक वर्ष में अर्थव्यवस्था में अन्तिम रूप से उत्पादित की जाने वाली वस्तुओं और सेवाओं के समग्र मौद्रिक मूल्य को कुल राष्ट्रीय उत्पाद कहते हैं।
- **शुद्ध राष्ट्रीय उत्पाद** (NNP) : किसी देश में एक वर्ष की अवधि में चालू कीमतों पर उत्पादित अन्तिम वस्तुओं और सेवाओं का शुद्ध मौद्रिक मूल्य ही शुद्ध राष्ट्रीय उत्पाद (बाजार कीमत पर) है।
- **राजकोषीय घाटा** (Fiscal Deficit) : सरकार का कुल ऋण भार जिसके अन्तर्गत बाजार ऋण, लघु बचतें, भविष्य निधि बाह्य ऋण एवं बजटीय घाटे को सम्मिलित किया जाता है, राजकोषीय घाटा कहलाता है।
- **राजस्व घाटा** (Revenue Deficit) : जब सरकार का राजस्व व्यय राजस्व आय से अधिक हो जाता है तब राजस्व व्यय का राजस्व आय से अन्तर राजस्व घाटा कहलाता है।

- **निगम कर** (Corporate Tax) : कम्पनियों के मुनाफे पर लगाया गया कर 'निगम कर' कहलाता है। यह एक प्रत्यक्ष कर है।
- **कर अपवंचन** (Tax Evasion) : वह प्रक्रिया जिसमें आय को छिपाकर कर अदायगी अवैध रूप से बचा ली जाती है, कर अपवंचन कहलाती है।
- **काला धन** (Black Money) :जिस धन के हिसाब किताब का खुलासा न करके अघोषित रखा जाता है तथा उस पर कर की अदायगी नहीं की जाती है, उसे काला धन कहते हैं।
- **अनुदान** (Grant-in-Aid) : सरकार द्वारा किसी उद्योग, व्यापार अथवा व्यक्ति को विशिष्ट उद्देश्यपूर्ण लाभ पहुंचाने के उद्देश्य से कुछ नकद भुगतान करके उनकी आर्थिक क्रियाएं जारी रखने का प्रयास किया जाता है तब इस नकद भुगतान राशि को अनुदान कहते हैं।
- **अधिविकर्ष** (Overdraft) : यह एक ऐसी स्थिति है जिसमें जमाकर्ता द्वारा बैंक से अपनी कुल जमाओं की तुलना में अधिक धन का आहरण कर लिया जाता है।
- **विमुद्रीकरण** (Demonetisation) : विमुद्रीकरण के अन्तर्गत सरकार पुरानी मुद्रा को समाप्त कर देती है, और नई मुद्रा चालू कर देती है। जिनके पास काला धन होता है, वे उसके बदले में नई मुद्रा लेने का साहस नहीं जुटा पाते और काला धन स्वयं ही नष्ट हो जाता है।

❑❑❑

4. भौतिकी

वैज्ञानिक उपकरण/आविष्कारक

उपकरण	आविष्कारक
आर्क लैम्प	डेवी
एयरकण्डीशनर	विल्स हैवीलैण्ड कैरियर
ऐरोप्लेन (वायुयान)	राइट बन्धु
परमाणु भट्टी	एनरिको फर्मी
विद्युत-बैटरी	ए. वोल्टा
बैरोमीटर	इवांगेलिस्टो टॉरीसेली
बाइसिकिल	के. मैकमिलन
टायर	जे. बी. डनलप
कैलकुलेटर	बी. पास्कल
सिनेमैटोग्राफ	टॉमस अल्वा एडीसन
कम्प्यूटर	चार्ल्स बैवेज
सिने कैमरा	फ्रीज ग्रीन
सिनेमा	ए. एल. तथा जे. एल. लूमिएर
क्रेस्कोग्राफ	जे. सी. बोस
डीजल इंजन	रूडोल्फ डीजल
डायनामाइट	अल्फ्रेड नोबेल
फाउण्टेनपेन	एल. ई. वाटरमैन
हेलीकॉप्टर	एटीन ओहमिसेन
जेट इंजन	सर फ्रैंक व्हिटल
लाउडस्पीकर	होरेस शार्ट
लिफ्ट	इलिशा ग्रेविस ओटिस
लोकोमोटिव	रिचर्ड ट्रेवीथिक
मशीनगन	रिचर्ड गैटलिंग

सूक्ष्मदर्शी (माइक्रोस्कोप)	जैड जानसेन
माइक्रोफोन	डेविड ह्यूगस
मोटर साइकिल	एडवर्ड बटलर
प्रिण्टिंग प्रेस	जे. गुटेनबर्ग
राडार	ए. एच. टेलर तथा एल. सी. यंग
रिवाल्वर	सेमुएल कॉल्ट
सेफ्टी लैम्प	सर हम्फ्री डेबी
सिलाई मशीन	बी. थिमोनियर
स्कूटर	जी. ब्रैड शॉ
थर्मस फ्लास्क	डेवार
टैंक	सर एमेस्ट स्विंग्टन
टेलीफोन	एलेक्जैण्डर ग्राहम बेल
टेलीस्कोप	हंस लियरशे
थर्मामीटर	गैलीलियो
ट्रांजिस्टर	बार्डीन तथा शोकले
टाइपराइटर	सी. शोल्स
टेलीविजन	जॉन लोगी बेयर्ड
एक्स-रे	डब्ल्यू. रौंजन

SI के मूल मात्रक

भौतिक राशि	**SI मात्रक**
लम्बाई	मीटर m (मी)
द्रव्यमान	किलोग्राम kg (किग्रा)
समय	सेकण्ड s (से)
ताप	केल्विन K (के)
विद्युत धारा	ऐम्पियर A (ऐ)
ज्योति-तीव्रता	कैण्डेला cd (कैण्ड)

गति

- वस्तु द्वारा किसी समय-अन्तराल में तय किए गए मार्ग की सम्पूर्ण लम्बाई को चली गई **दूरी** कहते हैं।
- वस्तु की अन्तिम स्थिति तथा प्रारम्भिक स्थिति के बीच की सीधी दूरी को वस्तु का **विस्थापन** कहते हैं।
- दूरी एक **आदिश राशि** है, जिसमें केवल परिमाण होता है, परन्तु विस्थापन एक सदिश राशि है जिसमें परिमाण व दिशा दोनों होते हैं।
- **चाल**—कोई वस्तु इकाई समय में जितनी दूरी तय करती है, उसे उसकी चाल कहते हैं। चाल एक अदिश राशि है। इसका SI मात्रक मीटर/सेकण्ड है।
- **वेग** (Velocity)—कोई वस्तु एकांक समय में जितनी विस्थापित होती है उसे उस वस्तु का वेग कहते हैं। वेग को प्राय: v से प्रकट करते हैं और इसका SI मात्रक मीटर/सेकण्ड है।
- **संवेग** (Momentum)—गतिशील वस्तु की गति पर वस्तु के द्रव्यमान तथा वेग दोनों का प्रभाव पड़ता है। अगर किसी वस्तु के द्रव्यमान को उसके वेग से गुणा कर दें तो गुणनफल उस वस्तु का संवेग कहलाता है।
- **त्वरण** (Acceleration)—किसी वस्तु के वेग-परिवर्तन की दर को उस वस्तु का 'त्वरण' कहते हैं।

बल (Force)

- बल वह बाह्य कारक है जो किसी वस्तु की विरामावस्था या सरल रेखा में एकसमान गति की अवस्था को परिवर्तित कर सकता है।
- **गुरुत्वाकर्षण बल**—विश्व में प्रत्येक कण दूसरे कण को केवल अपने द्रव्यमान के कारण ही आकर्षित करता है। पृथ्वी प्रत्येक वस्तु को आकर्षित करती है। पृथ्वी के आकर्षण को **गुरुत्व** तथा किन्हीं भी दो कणों के बीच इस प्रकार के आकर्षण को व्यापक रूप से गुरुत्वाकर्षण कहते हैं।

न्यूटन के गति के नियम

- **प्रथम नियम**—इस नियम के अनुसार, यदि कोई वस्तु विराम अवस्था में है तो वह विराम अवस्था में ही रहेगी और यदि वह एक समान चाल से सीधी रेखा में चल रही है तो वैसे ही चलती रहेगी, जब तक कि उस पर कोई बाह्य बल लगाकर उसकी वर्तमान अवस्था में परिवर्तन न किया जाए।
- **न्यूटन का गति का दूसरा नियम**—किसी वस्तु के संवेग-परिवर्तन की दर उस वस्तु पर आरोपित बल के अनुक्रमानुपाती होती है तथा संवेग-परिवर्तन आरोपित बल की दिशा में ही होता है।
- किसी वस्तु पर लगने वाले गुरुत्वीय बल को **वस्तु का भार** कहते हैं। इसे W से प्रदर्शित करते हैं। इस प्रकार $W = m \times g$
- **न्यूटन का गति का तृतीय नियम**—इस नियम के अनुसार, "प्रत्येक क्रिया के बराबर, परन्तु विपरीत दिशा में, प्रतिक्रिया होती है।"
- **संवेग-संरक्षण का नियम**—यदि कणों के किसी समूह या निकाय पर कोई बाह्य बल नहीं लग रहा हो तो उस निकाय का कुल संवेग नियत रहता है, अर्थात संरक्षित रहता है। इसे ही संवेग-संरक्षण का नियम कहते हैं।
- सम्पर्क में रखी दो वस्तुओं के मध्य एक प्रकार का बल कार्य करता है जो दोनों वस्तुओं के बीच आपेक्षिक गति का विरोध करता है। यह बल ही **घर्षण** बल कहलाता है।
- **गुरुत्व-केन्द्र** (Centre of Gravity)—किसी वस्तु का गुरुत्व-केन्द्र, वह बिन्दु है जहां वस्तु का समस्त भार कार्य करता है।

कार्य, सामर्थ्य (शक्ति) और ऊर्जा

- **कार्य** (Work)—जब बल लगाकर किसी वस्तु को बल की दिशा में विस्थापित कर दिया जाता है तो हम कहते हैं कि बल द्वारा कार्य किया गया है।

  कार्य = बल × बल की दिशा में वस्तु का विस्थापन।

- कार्य एक **अदिश राशि** है। इसका SI मात्रक न्यूटन मीटर होता है।
- **शक्ति (Power)**—कार्य किए जाने की दर को सामर्थ्य या शक्ति कहते हैं।

  शक्ति = W/t = कार्य/समय

  शक्ति का SI मात्रक वाट (W) है।
- **ऊर्जा** (Energy)—किसी वस्तु की कार्य करने की क्षमता को उस वस्तु की ऊर्जा कहते हैं। ऊर्जा एक **अदिश** राशि है। इसका SI मात्रक जूल है।
- **गतिज ऊर्जा** (Kinetic Energy)—किसी वस्तु में उसकी गति के कारण कार्य करने की जो क्षमता होती है, उसे उस वस्तु की गतिज ऊर्जा कहते हैं।

  गतिज ऊर्जा $E_k = 1/2mv^2$
- **स्थितिज ऊर्जा** (Potential Energy)—जब किसी वस्तु में विशेष अवस्था या स्थिति के कारण कार्य करने की क्षमता होती है तो हम कहते हैं कि वस्तु में स्थितिज ऊर्जा है।
- **ऊर्जा संरक्षण का नियम** (Law of Conservation of Energy)—ऊर्जा न तो उत्पन्न की जा सकती है और न नष्ट की जा सकती है। ऊर्जा केवल एक रूप से दूसरे रूप में परिवर्तित की जा सकती है। जब भी ऊर्जा किसी रूप में लुप्त होती है तो ठीक उतनी ही ऊर्जा अन्य रूपों में प्रकट हो जाती है। अत: **विश्व की सम्पूर्ण ऊर्जा का परिमाण स्थिर रहता** है। यह 'ऊर्जा संरक्षण का नियम' कहलाता है।
- **पलायन वेग** (Escape Velocity)—पलायन वेग वह न्यूनतम वेग है जिससे किसी पिण्ड को पृथ्वी की सतह से ऊपर की ओर फेंके जाने पर वह गुरुत्वीय क्षेत्र को पार कर जाता है तथा पृथ्वी पर वापस नहीं आता। पृथ्वी के लिए पलायन वेग का मान 11.2 किमी/सेकण्ड है।

पृष्ठ तनाव (Surface Tension)

- द्रव का स्वतन्त्र पृष्ठ सदैव तनाव की स्थिति में रहता है तथा उसमें कम-से-कम क्षेत्रफल प्राप्त करने की प्रवृत्ति होती है। द्रव के पृष्ठ का यह तनाव ही पृष्ठ तनाव कहलाता है।
- पृष्ठ तनाव के कुछ उदाहरण—(i) पतली सुई का पानी पर तैरना। (ii) पानी पर मच्छरों के लार्वा का तैरना। जल में मिट्टी का तेल छिड़कने पर जल का पृष्ठ तनाव कम हो जाता है जिससे लार्वा डूबकर मर जाते हैं। (iii) साबुन, डिटर्जेण्ट आदि जल का पृष्ठ तनाव कम कर देते हैं जिससे वह गहराई तक जाकर वस्त्रों को अधिक स्वच्छ धुलाई करते हैं।

श्यानता (Viscosity)

- किसी द्रव या गैस की दो क्रमागत पर्तों के बीच उनकी आपेक्षिक गति का विरोध करने वाले घर्षण बल को श्यान बल कहते हैं। तरल का वह गुण जिसके कारण तरल की विभिन्न पर्तों के मध्य आपेक्षिक गति का विरोध होता है, श्यानता कहलाता है।
- ताप बढ़ाने पर द्रव की श्यानता घट जाती है, परन्तु गैसों की बढ़ जाती है। किसी तरल की श्यानता को **श्यानता गुणांक** द्वारा मापा जाता है।

प्रत्यास्थता (Elasticity)

- प्रत्यास्थता पदार्थ का वह गुण है जिसके कारण वस्तु, उस पर लगाए गए बाह्य बल से उत्पन्न किसी भी प्रकार के परिवर्तन का विरोध करती है तथा जैसे ही बल हटा लिया जाता है, वह अपनी पूर्व अवस्था में वापस आ जाती है।

ताप (Temperature)

- यह एक भौतिक कारक है जो दो वस्तुओं के मध्य ऊष्मीय ऊर्जा के प्रवाह की दिशा निश्चित करता है।
- **कैलोरी** (Calorie)—एक ग्राम जल का ताप 1°C बढ़ाने के लिए आवश्यक ऊष्मा की मात्रा को **कैलोरी** कहते है।

- **विशिष्ट ऊष्मा**—किसी पदार्थ की विशिष्ट ऊष्मा, ऊष्मा की वह मात्रा है जो उस पदार्थ के एकांक द्रव्यमान में एकांक ताप-वृद्धि उत्पन्न करती है।
- **विशिष्ट धारिता** (Specific heat)—किसी वस्तु का तापमान 1°C बढ़ाने के लिए जितनी ऊष्मा की आवश्यकता होती है उसे उस वस्तु की विशिष्ट ऊष्मा धारिता कहते हैं। इसका मात्रक जूल प्रति केल्विन या कैलोरी प्रति °C है।
- ठोस और द्रवों में जल की विशिष्ट ऊष्मा सर्वाधिक है, परन्तु सभी पदार्थों में हाइड्रोजन की विशिष्ट ऊष्मा सर्वाधिक है।
- **जल का प्रसार** (Expansion of Liquid)—प्राय: सभी द्रव गर्म किए जाने पर आयतन में बढ़ते हैं, परन्तु जल 0°C से 4°C तक गर्म करने पर आयतन में घटता है तथा 4°C के पश्चात् बढ़ना प्रारम्भ करता है। इसका अर्थ यह है कि 4°C पर जल का घनत्व सबसे अधिक होता है।
- अत्यधिक ठण्ड में जल के पाइप कभी-कभी फट जाते हैं क्योंकि ठण्डे स्थानों पर जाड़े के दिनों में पाइपों में बहने वाले जल का ताप 4°C से नीचे गिर जाने पर जल के आयतन में वृद्धि होती है, परन्तु धातु का पाइप सिकुड़ता है। इन विपरीत दशाओं के कारण पाइपों की दीवारों पर इतना अधिक दाब पड़ता है कि वे फट जाते हैं।
- **किरचॉफ का नियम** (Kirchoff's Law)—इसके अनुसार, अच्छे अवशोषक ही अच्छे उत्सर्जक होते हैं।
- चाय के प्याले की सतह चमकदार व सफेद बनायी जाती है। इसका कारण यह है कि सफेद व चमकदार सतह ऊष्मा की बुरी अवशोषक होती है, अत: वह बुरी उत्सर्जक भी होती है। फलस्वरूप प्याले की चाय से ऊष्मा की हानि कम होती है और चाय गरम बनी रहती है।

तरंग गति (Wave Motion)

- विक्षोभ के आगे बढ़ने की प्रक्रिया को तरंग गति कहते हैं।
- तरंगें दो प्रकार की होती हैं।

(i) **अनुप्रस्थ तरंगें** (Transverse Waves)—जब तरंग की गति की दिशा माध्यम के कणों के कम्पन करने की दिशा के लम्बवत होती है तो इस प्रकार की तरंगों को अनुप्रस्थ तरंगें कहते हैं।

(ii) **अनुदैर्ध्य तरंगें** (Longitudinal Waves)—जब त की गति की दिशा माध्यम के कणों के कम्पन करने क ।देशा के अनुदिश होती है तो ऐसी तरंग का **अनुदैर्ध्य तरंग** कहते हैं।

- ध्वनि की तरंगें यान्त्रिक तरंगें हैं क्योंकि ये किसी माध्यम से ही संचारित होती हैं। भिन्न-भिन्न माध्यमो में उत्पन्न तरंगों की चाल भिन्न-भिन्न होती है।
- **श्रव्य तरंगें** (Audible Waves)—जिन तरंगों को हमारा कान सुन सकता है उन्हें 'श्रव्य' तरंगें कहते हैं। इन तरंगों की आवृत्ति 20 से लेकर 20000 हर्टज तक होती है।
- **अवश्रव्य तरंगें** (Infrasonic Waves)—उन अनुदैर्ध्य यान्त्रिक तरंगों को जिनकी आवृत्तियां निम्नतम श्रव्य आवृत्ति (20 हर्टज) से नीचे होती हैं 'अवश्रव्य तरंगें' कहते हैं।
- **पराश्रव्य तरंगें** (Ultrasonic Waves)—उन अनुदैर्ध्य यान्त्रिक तरंगों को जिनकी आवृत्तियां उच्चतम श्रव्य आवृत्ति (20000 हर्टज) से ऊंची होती हैं, 'पराश्रव्य तरंगें' कहते हैं।

ध्वनि

- **प्रतिध्वनि** (Echo)—परावर्तित ध्वनि को प्रतिध्वनि कहते हैं। स्पष्ट प्रतिध्वनि सुनने के लिए परावर्तक सतह श्रोता से कम-से-कम 17 मीटर दूर होनी चाहिए।
- किसी माध्यम में ध्वनि की चाल (यान्त्रिक तरंगों की चाल) मुख्यत: माध्यम की प्रत्यास्थता (E) तथा घनत्व पर निर्भर करती है। ध्वनि की चाल सबसे अधिक ठोस में व सबसे कम गैस में होती है।
- **तीव्रता** (Intensity)—ध्वनि के इस गुण के कारण ही ध्वनि तेज या धीमी सुनाई पड़ती है।

- **तारत्व** (Pitch)—यह ध्वनि की वह विशेषता है जिससे हम मोटी और तीखी ध्वनि में अन्तर करते हैं। बच्चे की आवाज का पिच अधिक और युवक की आवाज का कम होता है। स्त्रियों की आवाज का पिच भी अधिक होता है।
- **अनुरणन** (Reverberation)—जब किसी बन्द हॉल में एक अल्प समय के लिए ध्वनि उत्पन्न की जाती है तो हॉल की दीवारों तथा छत से क्रमिक परावर्तनों के फलस्वरूप स्रोत के कम्पन बन्द हो जाने पर भी हॉल में कुछ समय तक ध्वनि बनी रहती है, इसे अनुरणन कहते हैं।
- जब हमारा कान कोई ध्वनि सुनता है तो उसका प्रभाव हमारे मस्तिष्क में 0.1 सेकण्ड तक रहता है।
- **डॉप्लर प्रभाव** (Doppler's Effect)—जब स्रोत या श्रोता की गति के कारण, किसी तरंग (ध्वनि या प्रकाश तरंग) की आवृत्ति बदली हुई प्रतीत होती है तो इस घटना को डॉप्लर प्रभाव कहते हैं।
- ध्वनि में डॉप्लर प्रभाव का उपयोग करके किसी वायुयान या पनडुब्बी की गति की दिशा व उसका वेग ज्ञात किया जा सकता है।

प्रकाश (Light)

- प्रकाश एक प्रकार की ऊर्जा है, जो **विद्युत-चुम्बकीय तरंगों** के रूप में संचारित होती है।
- प्रकाश ऊर्जा के छोटे-छोटे बण्डलों या पैकटों के रूप में चलता है जिन्हें **फोटॉन** कहते हैं।
- प्रकाश निर्वात में भी गमन करता है। इसकी चाल निर्वात में अन्य माध्यमों की तुलना में सबसे अधिक (3×10^8 मी./से.) होती है।
- प्रकाश को सूर्य से पृथ्वी तक आने में औसतन 499 सेकण्ड का समय लगता है। इसी प्रकार, चन्द्रमा से परावर्तित प्रकाश को पृथ्वी तक आने में 1.28 सेकण्ड का समय लगता है।

- **प्रकाश का प्रकीर्णन** (Scattering of Light)—जब प्रकाश किसी ऐसे माध्यम से गुजरता है जिसमें धूल तथा अन्य पदार्थों के अत्यन्त सूक्ष्म कण होते हैं, तो इन कणों द्वारा प्रकाश सभी दिशाओं में (कुछ दिशाओं में कम तथा कुछ में अधिक) प्रसारित हो जाता है। इस घटना को प्रकाश का **प्रकीर्णन** कहते हैं।
- बैंगनी रंग के प्रकाश का प्रकीर्णन सबसे अधिक होता है। लाल रंग का प्रकीर्णन सबसे कम होता है।
- **प्रकाश का परावर्तन** (Reflection of Light)—प्रकाश के चिकने पृष्ठ से टकराकर वापस लौटने की घटना को प्रकाश का परावर्तन कहते हैं।
- प्रकाश के परावर्तन के नियम निम्नलिखित हैं :

  (i) आपतन कोण परिवर्तन कोण के बराबर होता है।

  (ii) आपतित किरण, आपतन बिन्दु पर अभिलम्ब तथा परावर्तित किरण एक समतल में होते हैं।
- **प्रकाश का अपवर्तन** (Refraction of Light)—किसी समांगी पारदर्शी माध्यम से प्रकाश की किरणें बिना दिशा बदले हुए एक सरल रेखा में चलती हैं। परन्तु जब वे एक पारदर्शी माध्यम में चलने के बाद दूसरे पारदर्शी माध्यम में प्रवेश करती हैं तो दोनों माध्यमों को अलग करने वाले तल पर अभिलम्बवत् आपाती होने पर बिना मुड़े सीधे निकल जाती हैं, परन्तु तिरछी आपाती होने पर वे अपनी मूल दिशा से विचलित हो जाती हैं। इस घटना को **प्रकाश का अपवर्तन** कहते हैं।
- प्रकाश के अपवर्तन के कारण अनेक प्राकृतिक घटनाएं घटित होती हैं—(i) द्रव में अंशत: डूबी हुई सीधी छड़ अपवर्तन के कारण ही टेढ़ी दिखाई देती है। (ii) प्रकाश के अपवर्तन के कारण ही तारे टिमटिमाते हुए दिखायी देते हैं। (iii) सूर्योदय के समय सूर्य क्षितिज के नीचे ही होता है तभी वह दिखायी दे जाता है। (iv) सूर्यास्त के समय, सूर्य क्षितिज के नीचे चला जाता है अर्थात वह

वास्तव में अस्त हो गया होता है तब भी वह दिखायी देता रहता है।

- यदि आपतन कोण को और बढ़ाएं अर्थात् आपतन कोण का मान क्रान्तिक कोण से थोड़ा-सा अधिक कर दें तो प्रकाश विरल माध्यम में बिल्कुल नहीं जाता, बल्कि 'सम्पूर्ण' प्रकाश परावर्तित होकर सघन माध्यम में ही लौट आता है। इस घटना को प्रकाश का '**पूर्ण आन्तरिक परावर्तन**' कहते हैं।
- पूर्ण आन्तरिक परावर्तन के कारण ही (i) जल में पड़ी हुई परखनली चमकीली दिखायी देती है, (ii) कांच में आयी दरारें चमकती हैं और (iii) कालिख से पुता हुआ गोला जल में चमकता है। (iv) हीरे का चमकना। (v) रेगिस्तान में मरीचिका का बनना।
- **निकट दृष्टि दोष** (Myopia or Short Sightedness)—यदि नेत्र पास की वस्तु को देख लेता है किन्तु एक निश्चित दूरी से अधिक दूर की वस्तु को स्पष्ट नहीं देख पाता है तो उस नेत्र में निकट दृष्टि का दोष होता है।
- इस स्थिति में दूर की वस्तु का प्रतिबिम्ब रेटिना पर न बनकर उसके आगे बनता है।
- निकट दृष्टि दोष के निवारण के लिए उपयुक्त फोकस दूरी के अवतल लेन्स का प्रयोग किया जाता है।
- **दूर दृष्टि दोष** (Hypermetropia)—इस दोष में नेत्र को दूर की वस्तु तो स्पष्ट दिखाई देती है किन्तु पास की वस्तु स्पष्ट दिखाई नहीं देती।
- इस दोष के कारण पास की वस्तु का प्रतिबिम्ब दृष्टि-पटल पर न बनकर उसके पीछे बनता है।
- इस दोष के निवारण हेतु चश्मे में एक ऐसे अभिसारी (उत्तल) लेन्स के प्रयुक्त करने की आवश्यकता होगी।
- **वर्णांधता** (Colour Blindness)—नेत्र किसी रंग विशेष के लिए संवेदनहीन हो जाता है। इसका कारण है रेटिना के किसी शंकु (cone) का संवेदनहीन हो जाना।

- **जरा-दृष्टि** (Presbyopia)—वृद्धावस्था के कारण न पास की और न दूर की वस्तुएं दिखाई देती हैं। इसमें द्विफोकसी लेन्स का चश्मा लगाया जाता है।
- **सूक्ष्मदर्शी** (Microscope)—सूक्ष्मदर्शी एक ऐसा प्रकाशिक यन्त्र है जिसकी सहायता से सूक्ष्म वस्तुएं देखी जाती हैं।
- **प्रकाश का वर्ण-विक्षेपण** (Dispersion of Light)—श्वेत प्रकाश के अपने सात अवयवी रंगों में विभक्त होने की क्रिया को 'वर्ण-विक्षेपण' कहते हैं।
- **इन्द्रधनुष** (Rainbow)—वर्षा के समय या वर्षा के बाद सूर्य की सफेद किरणें जब जल-बूंदों पर पड़ती हैं तो उनके प्रकाश का बूंदों के भीतर के अवतल तल से **पूर्ण आन्तरिक परावर्तन** होता है।
- लाल, हरा तथा नीला रंग **प्राथमिक रंग** कहलाते हैं।
- इन्हें विभिन्न अनुपात में मिलाने से जो रंग प्राप्त होते हैं उन्हें **द्वितीयक रंग** कहते हैं।
- जब दो रंग परस्पर मिलने से श्वेत प्रकाश उत्पन्न करते हैं, उन्हें **पूरक रंग** कहते हैं।
- कोई वस्तु जिस रंग की दिखाई देती है वह वास्तव में केवल उसी रंग को परावर्तित करती है, शेष सभी रंगों को अवशोषित कर लेती है।
- जो वस्तु सभी रंगों को परावर्तित कर देती है वह श्वेत दिखाई देती है।
- जो वस्तु सभी रंगों को अवशोषित कर लेती है और किसी भी रंग को परावर्तित नहीं करती है, वह काली दिखाई देती है।
- यदि किसी लाल रंग की प्लेट को हरे प्रकाश में (या अन्य किसी एक रंग के प्रकाश में) देखा जाए तो वह हरे प्रकाश का अवशोषण कर लेगी इसलिए काली दिखाई देगी।
- **दृष्टि निर्बंध** (Persistence of Vision)—किसी वस्तु का प्रतिबिम्ब रेटिना पर 1/10 सेकण्ड तक रहता है। अत: यदि वस्तु

को आंख के सामने से हटा दिया जाये तो वस्तु 1/10 सेकण्ड तक दिखाई देती रहेगी। दृष्टि का यह विशेष गुण **दृष्टि निर्बंध** कहलाता है।

- सिनेमा में प्रत्येक सेकण्ड 24 चित्रों को, जो एक-दूसरे से थोड़ा-थोड़ा भिन्न होते हैं दिखाया जाता है। इस कारण हमें चित्र में वस्तु की गतिशीलता का अनुभव होता है।
- टेलीविजन के रिसीवर में प्रति सेकण्ड 25 पूर्ण चित्र दिखाएं जाते हैं।

चुम्बकत्व (Magnetism)

- अस्थायी चुम्बक **बनाने के लिए नर्म लोहे का प्रयोग किया जाता है।** विद्युत चुम्बक नर्म लोहे के ही बनाए जाते हैं। विद्युत घण्टी, ट्रांसफार्मर क्रोड, डायनेमो, आदि में नर्म लोहे का ही उपयोग किया जाता है।
- चुम्बक का प्राचीनतम उपयोग नाविकों द्वारा दिशा जानने के लिए किया जाता था। आज दिक् सूचक (compass box) का प्रयोग किया जाता है।
- ATM कार्ड, क्रेडिट कार्ड व डेबिट कार्ड के पीछे चुम्बकीय पदार्थ के लेप की एक पट्टी होती है। इस पट्टी में ही प्रयोगकर्ता की पहचान व उसका कोड छिपा रहता है।

विद्युत धारा

- किसी चालक में विद्युत आवेश की प्रवाह दर की विद्युत धारा कहते हैं।
- विद्युत सेल में रासायनिक ऊर्जा को विद्युत ऊर्जा में परिवर्तित किया जाता है।
- **विद्युत शक्ति** (Electric Power)—विद्युत परिपथ में ऊर्जा के क्षय होने की दर को 'शक्ति' कहते हैं। इसका SI मात्रक वाट (W) होता है।

परमाणु भौतिकी

- परमाणु वे सूक्ष्मतम कम होते हैं जो मुक्त अवस्था में नहीं रह सकते, परन्तु रासायनिक क्रियाओं में भाग लेते हैं।
- परमाणु के केन्द्र में एक **नाभिक** (nucleus) होता है, जिसमें परमाणु का लगभग सम्पूर्ण द्रव्यमान प्रोटॉन व न्यूट्रॉन के रूप में समाहित होता है।
- नाभिक के चारों ओर इलेक्ट्रॉनों का बादल जैसा होता है जिसमें इलेक्ट्रॉन लगातार गति करते रहते हैं। इलेक्ट्रॉनों की संख्या प्रोटॉनों की संख्या के बराबर होती है।
- प्रोटॉन पर धनात्मक आवेश तथा इलेक्ट्रॉन पर उतना ही ऋणात्मक आवेश होता है, परन्तु न्यूट्रॉन आवेश रहित होता है।
- **राडार** (RADAR)—राडार का अर्थ है '**रेडियो संसूचन एवं सर्वेक्षण**' (Radio Detection and Ranging)। इसके द्वारा रेडियो तरंगों की सहायता से वायुयान की स्थिति व दूरी का पता लगाया जाता है।
- **लेसर** यह Light Amplification by Stimulated Emission of Radiation का संक्षिप्त रूप है, जिसका अर्थ होता है—उद्दीपित उत्सर्जन प्रक्रिया द्वारा प्रकाश तरंगों का प्रवर्द्धन।
- मेसर एक शक्तिशाली, एकवर्णी, समान्तरित्र एवं कला-सम्बद्ध (collimated and coherent) माइक्रो तरंग किरण-पुंज प्राप्त करने की युक्ति (device) है। सर्वप्रथम अमोनिया मेसर बनाया गया था।

  यह अन्तरिक्ष व समुद्र में संदेश-प्रेषण, जटिल ऑपरेशन, कैंसर, अल्सर व आंख की बीमारियों की चिकित्सा हेतु प्रयुक्त किया जाता है।

नाभिकीय ऊर्जा

- **नाभिकीय विखण्डन** (Nuclear Fission)—भारी नाभिक कम स्थायी होते हैं, अत: पर्याप्त ऊर्जा प्राप्त होने पर वे लगभग

बराबर के दो खण्डों में विभक्त हो जाते हैं। इस प्रक्रिया को **नाभिकीय विखण्डन** कहते हैं।

- **ब्रीडर रिएक्टर** (Breeder Reactor)—ऐसा रिएक्टर जो प्रयुक्त किए गए विखण्डनीय पदार्थ की तुलना में अधिक विखण्डनीय पदार्थ उत्पन्न करता है, **ब्रीडर रिएक्टर** कहलाता है।
- **नाभिकीय संलयन** (Nuclear Fusion)—जब दो या अधिक हल्के नाभिक संयुक्त होकर एक भारी नाभिक बनाते हैं तथा अत्यधिक ऊर्जा विमुक्त करते हैं तो इस अभिक्रिया को नाभिकीय संलयन कहते हैं।
- सूर्य से प्राप्त प्रकाश और ऊष्मा ऊर्जा का स्रोत नाभिकीय संलयन ही है।
- परमाणु बम विखण्डन अभिक्रिया पर आधारित है जबकि हाइड्रोजन बम संलयन अभिक्रिया पर आधारित होता है।

❑❑❑

5. रसायन विज्ञान

- विज्ञान की वह शाखा जिसके अन्तर्गत पदार्थों के गुणों, संघटन, संरचना तथा उनमें होने वाले परिवर्तनों का अध्ययन किया जाता है।
- **तत्व** (Particle)—यह समांग शुद्ध पदार्थ है जिसमें केवल एक ही प्रकार का पदार्थ पाया जाता है और जिसे रासायनिक विधियों से और अधिक सरल पदार्थों में विभाजित नहीं किया जा सकता है, जैसे—हाइड्रोजन, ऑक्सीजन, तांबा, लोहा, सोना, चांदी, आदि।
- **यौगिक** (Compound)—वे शुद्ध पदार्थ हैं जिन्हें रासायनिक विधियों द्वारा अन्य शुद्ध पदार्थों (यौगिक या तत्व) में विभाजित किया जा सकता है। जैसे—जल, नमक, आदि।
- **मिश्रण** (Mixture)—दो या दो से अधिक तत्व या यौगिक किसी भी अनुपात में मिला देने से जो पदार्थ प्राप्त होता है, मिश्रण (mixute) कहलाता है।
- **संयोजकता**—किसी तत्व की दूसरे तत्वों के साथ संयोग करने की क्षमता उस तत्व की संयोजकता कहलाती है।
- **सहसंयोजकता** (Covalency)—किसी तत्व के एक परमाणु द्वारा दूसरे परमाणुओं के साथ साझा किए गए इलेक्ट्रॉन युग्मों की संख्या उस तत्व की सहसंयोजकता कहलाती है।

गैसों के नियम

- **बॉयल का नियम** (Boyle's Law)—स्थिर ताप पर किसी गैस की दी हुई मात्रा का आयतन उसके दाब का व्युत्क्रमानुपाती होता है।
- **चार्ल्स का नियम** (Charle's Law)—स्थिर दाब पर किसी गैस की दी हुई मात्रा का आयतन उसके परम ताप का अनुक्रमानुपाती होता है।

- किसी गैस का आयतन –273°C पर लगभग शून्य होता है। इस न्यूनतम ताप को ही परम शून्य ताप कहते हैं। इसका मात्रक K (केल्विन) होता है।
- **ऐवोगैड्रो का नियम** (Abogadro's Law)—समान ताप और दाब पर सभी गैसों के समान आयतन में अणुओं की संख्या समान होती है।
- समान परमाणु क्रमांक परन्तु भिन्न परमाणु द्रव्यमानों (द्रव्यमान संख्याओं) के परमाणुओं को **समस्थानिक** (Isotopes) कहते हैं।
- समान परमाणु द्रव्यमान (या द्रव्यमान संख्या) परन्तु भिन्न परमाणु क्रमांक के परमाणुओं को समभारिक (Isobars) कहते हैं।
- जिन परमाणुओं में न्यूट्रॉनों की संख्या समान होती है उन्हें **समन्यूट्रॉनिक** (Isotones) कहते हैं।

ऑक्सीकरण एवं अपचयन

- **ऑक्सीकरण** (Oxidation)—इलेक्ट्रॉन का त्याग ऑक्सीकरण कहलाता है। इसे उपचयन भी कहते हैं।
- **अपचयन** (Reduction)—इलेक्ट्रॉन को ग्रहण करना अपचयन कहलाता है।

तत्वों का आवर्ती वर्गीकरण

- वैज्ञानिक डी. आई. मेण्डलीफ ने तत्वों तथा उनके यौगिकों के तुलनात्मक अध्ययन से एक नियम प्रस्तुत किया जिसे मेण्डलीफ का आवर्त नियम कहते हैं।
- इस नियम के अनुसार **तत्वों के गुण उनके परमाणु भार के आवर्ती फलन होते हैं।**
- एक वर्ग के सभी तत्वों की संयोजकता समान होती है।
- किसी वर्ग में ऊपर से नीचे आने पर परमाणु का आकार बढ़ता है।
- किसी वर्ग में ऊपर से नीचे आने पर तत्व के धात्विक गुण में वृद्धि होती है।

उत्प्रेरण

- किसी पदार्थ की उपस्थिति में यदि किसी रासायनिक अभिक्रिया की दर परिवर्तित हो जाती है किन्तु पदार्थ स्वयं अभिक्रिया के अन्त में रासायनिक रूप से अपरिवर्तित रहता है तो इसे उत्प्रेरण कहते हैं तथा ऐसे पदार्थ को उत्प्रेरक (Catalyst) कहते हैं।
- उदाहरणार्थ वनस्पति तेल से वनस्पति घी बनाने की प्रक्रिया में निकिल धातु का उत्प्रेरक के रूप में प्रयोग किया जाता है।

अभिक्रियाएँ

- **ऊष्माक्षेपी अभिक्रियाएं** (Exothermic Reactions)—जिन रासायनिक अभिक्रियाओं में ऊष्मा उत्सर्जित होती है उन्हें **ऊष्माक्षेपी अभिक्रियाएं** कहते हैं।
- **ऊष्माशोषी अभिक्रियाएं** (Endothermic Reactions)—जिन रासायनिक अभिक्रियाओं में ऊष्मा अवशोषित होती है, उन्हें **ऊष्माशोषी अभिक्रियाएं** कहते हैं।

अम्ल, क्षार तथा लवण

- अम्ल वे पदार्थ हैं जो जल में विलेय होकर H^+ आयन मुक्त करते हैं।
- क्षारक जल में विलेय होकर हाइड्रॉक्साइड आयन (OH^-) देते हैं।
- जिन यौगिकों के रासायनिक संघटन में क्षारकीय तथा अम्लीय दोनों प्रकार के मूलक होते हैं उन्हें **लवण** कहते हैं।

कठोर तथा मृदु जल

- वह जल जिसमें विलयशील कैल्सियम तथा मैग्नीशियम के लवण (जैसे—बाइकार्बोनेट, क्लोराइड तथा सल्फेट) घुले रहते हैं, कठोर जल कहलाता है।
- कठोर जल साबुन के साथ झाग नहीं देता है।
- धुलाई एवं **रंजन** (dying) कार्यों के लिए कठोर जल उपयुक्त नहीं है।

- उपर्युक्त लवणों से रहित जल **मृदु जल** होता है।
- जल की कठोरता दो प्रकार की है—**स्थायी** तथा **अस्थायी**। यदि Ca तथा Mg के सल्फेट तथा क्लोराइड घुले हैं तो स्थायी कठोरता और **बाइकार्बोनेट** घुले हैं तो **अस्थायी कठोरता** होती है।

धातुएं (Metals)

- ऐसे तत्व जो इलेक्ट्रॉन त्याग कर धनायन प्रदान करते हैं, धातु कहलाते हैं।
- यह प्रकृति में मुक्त अवस्था में प्राप्त होती है।
- यह चमकदार होती है।
- यह अधातवर्ध्य तथा तन्य होती है।
- इनका घनत्व अधिक होता है।
- धातुओं या धातु और अधातुओं के सरल मिश्रणों तथा ठोस विलयनों को जिनमें धात्विक गुण होते हैं, **मिश्र धातुएं** कहते हैं।
- मरकरी के मिश्र धातु **अमलगम** कहलाते हैं। आइरन, प्लैटिनम और टंगस्टन, आदि कुछ धातुओं को छोड़कर लगभग सभी धातु अमलगम बनाते हैं।
- मिश्र धातुओं के भौतिक गुण उनके शुद्ध घटक धातुओं के गुणों से भिन्न होते हैं।
- मिश्र धातुओं के गलनांक उनके शुद्ध घटक धातुओं के गलनांकों से कम होते हैं, परन्तु उनकी कठोरता और भंगुरता घटक धातुओं से अधिक होती है।

कार्बन एवं उसके यौगिक

- कार्बन एक अधातु है। इसकी परमाणु संख्या 6 है। इसे आधुनिक आवर्त सारणी के वर्ग IV A में रखा गया है।
- अपरूपता (Allotropy)—वैसे पदार्थ जिनके रासायनिक गुण समान एवं भौतिक गुण भिन्न हों 'अपरूप' कहलाते हैं और इस घटना को 'अपरूपता' कहते हैं।

- कार्बन के दो मुख्य अपरूप हैं : (i) हीरा, (ii) ग्रेफाइट
- **हाइड्रोकार्बन** (Hydrocarbon)—कार्बन एवं हाइड्रोजन के यौगिक को हाइड्रोकार्बन कहते हैं। हाइड्रोकार्बन का एक प्राकृतिक स्रोत पेट्रोलियम (कच्चा तेल) है।
- **समावयवता** (Isomerism)—जब दो या दो से अधिक यौगिकों के अणुसूत्र समान होते हैं, परन्तु उनके गुण भिन्न-भिन्न होते हैं, तब इस विशेष गुण को समावयवता कहते हैं और प्राप्त यौगिक एक-दूसरे के समावयवी कहलाते हैं।

साबुन तथा अपमार्जक

- वे पदार्थ जिन्हें सफाई के लिए प्रयुक्त किया जाता है, उन्हें **अपमार्जक** (detergent) कहते हैं।
- साबुन का निर्माण वसा से होता है जो वसा अम्ल या ग्लिसरॉल का एस्टर होता है।

रबर

- रबर दो प्रकार का होता है : (i) प्राकृतिक, (ii) संश्लिष्ट रबर
- **प्राकृतिक रबर**—यह आइसोप्रीन का बहुलक होता है। यह थर्मोप्लास्टिक है।
- **वल्कीकरण** (Vulcanisation)—प्राकृतिक रबर को सल्फर के साथ मिलाकर गर्म करने की क्रिया वल्कीकरण कहलाती है।
- प्राकृतिक रबर कॉफी मुलायम होता है, इसे कठोर बनाने के लिए इसमें कार्बन मिलाया जाता है। तब इसका प्रयोग ट्यूब, टायर, आदि बनाने में किया जाता है।
- **थाईकॉल रबर** को ऑक्सीजन मुक्त करने वाले रसायनों के साथ मिलाकर रॉकेट इंजनों में ठोस ईंधन के रूप में प्रयोग किया जाता है।

कृत्रिम रेशे

- **नॉयलॉन** (Nylon)—नॉयलॉन शब्द न्यूयार्क शहर के "NY" तथा लन्दन के "LON" के मिलाकर बनाया गया है। नॉयलॉन छोटे कार्बनिक अणुओं के बहुलकीकरण प्रक्रिया द्वारा बनाया जाता है।

- **रेयॉन** (Rayon)—सेल्युलोज से बने कृत्रिम रेशे को रेयॉन कहते हैं। रेयॉन बनाने के लिए सेल्युलोज, कागज की लुग्दी या काष्ठ का प्रयोग किया जाता है।
- **रेयॉन का उपयोग**—कपड़ा बनाने में, कालीन बनाने में, चिकित्सा क्षेत्र में लिंट या जाली बनाने के लिए किया जाता है।
- **पॉलीएस्टर**—इसे इंग्लैण्ड में विकसित किया गया था। इसे संश्लिष्ट करने के लिए दो हाइड्रोक्सिल (–OH) समूह-युक्त कार्बन यौगिक की अभिक्रिया दो कार्बोक्सिलिक (–COOH) समूह के यौगिक के साथ की जाती है।
- **पॉलीएस्टर का उपयोग**—कपड़े के रूप में, पाल नौकाओं का पाल बनाने में, अग्निशमन में प्रयुक्त हौज पाइप आदि बनाने में इसका प्रयोग किया जाता है।
- कार्बन फाइबर कार्बन परमाणुओं की लम्बी श्रृंखला से बने होते हैं। इनका संक्षारण (corrosion) नहीं होता है। इसके निर्माण हेतु संश्लिष्ट रेशों को ऑक्सीजन की अनुपस्थिति में गर्म किया जाता है।

सीमेण्ट

- सीमेण्ट कैल्सियम ऐलुमिनेट व कैल्सियम सिलिकेट का मिश्रण होता है।
- सीमेण्ट में ऐलुमिना की मात्रा अधिक होने पर यह शीघ्र जमता है।

कांच

- सोडियम कार्बोनेट व सिलिका को गरम करने पर सोडियम सिलिकेट प्राप्त होता है। यह जल में विलेय है तथा इसे जल कांच भी कहा जाता है।

कांच	उपयोग
फिलण्ट कांच	कैमरा, दूरबीन के लेन्स व विद्युत वल्ब
पोटाश कांच	वैज्ञानिक उपकरण

पाइरेक्स कांच	प्रयोगशाला के उपकरण, थर्मामीटर
सोडा कांच	ट्यूब लाइट, बोतलें, प्रयोगशाला के उपकरण व दैनिक प्रयोग के बर्तन
क्रुक्स कांच	धूप-चश्मों के लेन्स

घरेलू गैस (LPG)

- द्रवित पेट्रोलियम गैस (liquefied petroleum gas) को ही घरेलू या खाना पकाने की गैस कहते हैं। यह या तो पेट्रोलियम उत्पाद के रूप में या प्राकृतिक गैस से प्राप्त की जाती है।
- यह प्रोपेन, ब्यूटेन और पेण्टेन का मिश्रण है।
- गैस सिलिण्डर में यह उच्च दाब पर द्रवित अवस्था में रहती है जिसका क्वथनांक —44°C होता है। इसका मुख्य घटक ब्यूटेन है।
- गैस के रिसाव का तुरन्त पता लगाने के लिए LPG में एक अन्य तीव्र गंध वाली गैस अल्प मात्रा में मिला दी जाती है। इसे इथाइल मरकैप्टन कहते हैं।

मुख्य तत्वों व यौगिकों का उपयोग

- **पारा** : (i) थर्मामीटर बनाने में, (ii) अमलगम बनाने में
- **मरक्यूरिक क्लोराइड** : (i) कीटनाशक के रूप में, (ii) कैलोमल बनाने में
- **मरक्यूरिक ऑक्साइड** : (i) जहर के रूप में, (ii) मलहम बनाने में
- **सोडियम नाइट्राइट** : (i) प्रतिकारक के रूप में, (ii) नाइट्रोजन बनाने में
- **सोडियम बाइकार्बोनेट** : (i) बेकरी उद्योग में, (ii) अग्निशामक यन्त्र में
- **मैग्नीशियम** : (i) धातु मिश्रण बनाने में, (ii) फ्लैश बल्ब बनाने में
- **मैग्नीशियम कार्बोनेट** : (i) दवा बनाने में, (ii) दन्तमन्जन बनाने में

- **मैग्नीशियम ऑक्साइड** : (i) औषधि-निर्माण में, (ii) रबर पूरक के रूप में
- **कैल्सियम** : (i) पैट्रोलियम में सल्फर हटाने में, (ii) अवकारक के रूप में
- **कैल्सियम ऑक्साइड** : (i) ब्लीचिंग पाउडर बनाने में, (ii) गारे के रूप में
- **कैल्सियम कार्बोनेट** : (i) टूथपेस्ट बनाने में, (ii) कार्बन डाइ ऑक्साइड बनाने में
- **जिप्सम** : (i) प्लास्टर ऑफ पेरिस बनाने में, (ii) अमोनियम सल्फेट बनाने में
- **प्लास्टर ऑफ पेरिस** : (i) मूर्ति बनाने में; (ii) शल्य-चिकित्सा में प्लास्टर चढ़ाने में
- **कैल्सियम कार्बाइड** : (i) ऐसीटिलीन बनाने में, (ii) कैल्सियम सायनाइड बनाने में
- **ब्लीचिंग पाउडर** : (i) कीटाणुनाशक के रूप में, (ii) कागज तथा कपड़ों के विरंजन में
- **कॉपर** : (i) बिजली का तार बनाने में, (ii) पीतल बनाने में
- **कॉपर सल्फेट** : (i) कीटाणुनाशक के रूप में, (ii) विद्युत सेलों में।
- **क्यूप्रिक ऑक्साइड** : (i) पेट्रोलियम के शुद्धिकरण में, (ii) ब्लू तथा ग्रीन कांच के निर्माण में
- **क्लोरीन** : (i) ब्लीचिंग पाउडर बनाने में, (ii) मस्टर्ड गैस बनाने में
- **ब्रोमीन** : (i) रंग उद्योग में, (ii) औषधि बनाने में
- **आयोडीन** : (i) टिंक्चर आयोडीन बनाने में
- **सल्फर** : (i) कीटाणुनाशक के रूप में, (ii) बारूद बनाने में
- **फॉस्फोरस** : (i) लाल फॉस्फोरस—दियासलाई बनाने में, (ii) श्वेत फॉस्फोरस—चूहे मारने में
- **हाइड्रोजन** : (i) अमोनिया के उत्पादन में, (ii) कार्बनिक यौगिक के निर्माण में

- **द्रव हाइड्रोजन** : (i) रॉकेट ईंधन के रूप में
- **नाइट्रस ऑक्साइड** : (i) शल्य–चिकित्सा में
- **हाइड्रोजन परॉक्साइड** : (i) ऑक्सीकारक के रूप में, (ii) कीटाणुनाशक के रूप में
- **भारी जल** : (i) न्यूक्लियर प्रतिक्रियाओं में, (ii) ड्यूटरेटेड यौगिक के निर्माण में
- **हाइड्रोक्लोरिक अम्ल** : (i) क्लोरीन बनाने में, (ii) अम्लराज बनाने में
- **हाइड्रोजन सल्फाइड** : (i) सल्फाइड के निर्माण में।
- **सल्फ्यूरिक अम्ल** : (i) स्टोरेज बैटरी में, (ii) प्रयोगशाला में अभिकारक के रूप में
- **सल्फर डाइ-ऑक्साइड** : (i) अवकारक के रूप में, (ii) ऑक्सीकारक के रूप में
- **अमोनिया** : (i) आइस फैक्टरी में, (ii) अभिकारक के रूप में
- **कार्बन डाइ-ऑक्साइड** : (i) आग बुझाने में, (ii) सोडा वाटर बनाने में
- **कार्बन मोनो-ऑक्साइड** : (i) $COCl_2$ बनाने में, (ii) जल गैस बनाने में
- **फिटकरी** : (i) जल को शुद्ध करने में, (ii) औषधि-निर्माण में

महत्वपूर्ण तथ्य

- यूरिया पहला कार्बनिक पदार्थ है, जिसे वोहलर ने प्रयोगशाला में बनाया था।
- सिरके (Vinegar) में ऐसीटिक अम्ल पाया जाता है।
- फलों के रसों को सुरक्षित रखने के लिए फार्मिक अम्ल का प्रयोग किया जाता है।
- डायनामाइट बनाने में नाइट्रोग्लिसरीन का प्रयोग किया जाता है।

- हाइड्रोजन परॉक्साइड का प्रयोग पुराने तैल चित्रों के रंगों को पुन: उभारने में किया जाता है।
- सोडियम को मिट्टी के तेल में डालकर रखा जाता है अन्यथा वह वायु में जल उठता है।
- जर्मन सिल्वर तांबा, जस्ता व निकल की मिश्रधातु है।
- कॉपर पाइराइट तांबे का प्रमुख अयस्क है।
- लोहे में जंग लगने के लिए ऑक्सीजन व नमी आवश्यक है।
- अग्निशामक यन्त्रों में कार्बन डाइ-ऑक्साइड गैस का प्रयोग किया जाता है।
- एथिलीन गैस का प्रयोग कच्चे फलों को पकाने के लिए किया जाता है।
- पोटैशियम सायनाइड अत्यन्त विषैला पदार्थ है। इसे खाने पर व्यक्ति की तत्काल मृत्यु हो जाती है।
- जल में नमक का मिश्रण एक भौतिक परिवर्तन है।
- फॉस्फोरस हवा में जलता है।
- जंग लगने पर लोहे का भार बढ़ जाता है।
- शुद्ध जल में थोड़ी मात्रा में अम्ल मिला देने पर यह विद्युत का सुचालक बन जाता है।
- सिल्वर ब्रोमाइड का प्रयोग फोटोग्राफी व फिल्मों में किया जाता है।
- लोहे में जंग लगना रासायनिक परिवर्तन है।
- वायुमण्डल में उपस्थित नाइट्रोजन व ऑक्सीजन बिजली की चमक के दौरान नाइट्रोजन ऑक्साइड में परिवर्तित हो जाती है।
- कोयले की खानों में मीथेन गैस निकलती है। इसे मार्श गैस भी कहते हैं।
- सुरक्षित दियासलाइयों में लाल फॉस्फोरस प्रयोग किया जाता है।
- यूरिया में 46% नाइट्रोजन की मात्रा होती है।

- बर्तनों में कलई करने में अमोनियम क्लोराइड का प्रयोग किया जाता है।
- सिनेबार पारे का अयस्क है।
- हड्डियों में 85% फॉस्फोरस होता है।
- फॉस्फीन गैस का उपयोग समुद्री यात्रा में होम्स सिग्नल देने में किया जाता है।
- क्लोरीन गैस फूलों का रंग उड़ा देती है।
- चीटियों व मक्खियों में फार्मिक अम्ल पाया जाता है।
- खाद्य पदार्थों के परिरक्षण के लिए बेन्जोइक अम्ल का प्रयोग किया जाता है।
- रक्त के प्रवाह को रोकने के लिए फेरिक क्लोराइड का प्रयोग किया जाता है।

❑❑❑

6. जीव विज्ञान

- **जीव विज्ञान** के अन्तर्गत जीवधारियों का अध्ययन किया जाता है।

कोशिका (Cell)

- कोशिका जीवन की सबसे छोटी संरचनात्मक व क्रियात्मक इकाई है।
- वैज्ञानिक **राबर्ट हुक** ने सन् 1665 में कार्क के टुकड़ों का अध्ययन कर कोशिश की खोज की थी।
- वैज्ञानिक **श्लाइडेन व श्वान** ने 1838-39 में कोशिका सिद्धान्त का प्रतिपादन किया था।
- जीवों के शरीर में सबसे लम्बी कोशिका **तन्त्रिका कोशिका** होती है।
- शुतुरमुर्ग का अण्डा सबसे बड़ा अण्डा होता है। यह एक कोशिकीय होता है।
- प्रत्येक कोशिका में पाए जाने वाले जीवित पदार्थ को जीवद्रव्य कहा जाता है।
- जीवद्रव्य शब्द का प्रयोग सर्वप्रथम **परकिन्जे** नामक वैज्ञानिक ने किया था।
- वैज्ञानिक हक्सले ने जीवद्रव्य को जीवन का भौतिक आधार बताया।
- कोशिका भित्ति केवल पादप कोशिकाओं में पाई जाती है। यह **सेलुलोज** नामक **बहु शर्करा** की बनी होती है।
- **कोशिका झिल्ली**—यह अर्द्ध-पारगम्य होती है व इसका मुख्य कार्य कोशिका के अन्दर ा बाहर जाने वाले पदार्थों का निर्धारण करना है।

- **माइटोकॉण्ड्रिया**—यह कोशिका का श्वसन स्थल है जो ऊर्जा युक्त कार्बनिक पदार्थों का ऑक्सीकरण कर ऊर्जा उत्पन्न करता है। यह ATP के रूप में संग्रहीत हो जाता है।
- इस कारण माइटोकॉण्ड्रिया को कोशिका का **शक्ति गृह** भी कहते हैं।
- **लाइसोसोम**—इसे आत्मघाती थैला भी कहते हैं।
- **क्लोरोप्लास्ट**—यह हरे रंग का वर्णक है जो पत्तियों में पाया जाता है।
- **गॉल्जीकाय**—गॉल्जीकाय कोशिका में संश्लेषित प्रोटीन व अन्य पदार्थों को कोशिका में गंतव्य स्थान तक पहुंचता है व अवशिष्ट पदार्थों को कोशिका से कोशिका झिल्ली द्वारा बाहर निकाल देता है।
- **राइबोसोम**—ये प्रोटीन-संश्लेषण के लिए स्थल उपलब्ध कराते हैं। इस कारण इन्हें **प्रोटीन संश्लेषण की फैक्टरी** भी कहते हैं।
- **केन्द्रक**—केन्द्रक कोशिका का नियन्त्रण केन्द्र है। इसकी खोज राबर्ट ब्राउन ने की थी।
- **गुणसूत्र**—इन पर **जीन** लगे होते हैं जो DNA के बने होते हैं व इनको आनुवंशिकता की **इकाई** कहा जाता है। गुणसूत्रों की संख्या प्रत्येक जाति में निश्चित होती है, जैसे—मनुष्य में 46 गुणसूत्र होते हैं।
- DNA एक द्वि-कुण्डलित व मुड़ी हुई सीढ़ीनुमा संरचना का होता है। DNA का मॉडल 1953 में **वाटसन** व **क्रिक** नामक वैज्ञानिक ने दिया था।
- DNA फिंगर प्रिन्ट द्वारा अपराधियों का पता, कानूनी व गैर कानूनी सन्तान का पता लगाया जा सकता है।

- **आर.एन.ए.** (RNA)—DNA से RNA का संश्लेषण होता है। RNA में नाइट्रोजन क्षार थाइमीन के स्थान पर यूरेसिल पाई जाती है।

रक्त

- रक्त का उद्भव **मीसोडर्मल** (Mesodermal) द्वारा होता है। रक्त में दो भाग पाये जाते हैं—प्लाज्मा व कणिकाएँ।
- **रक्त कणिकाएं** (Blood Corpuscles)—रक्त का 45% भाग कणिकाओं द्वारा निर्मित होता है।
- रक्त में निम्न तीन प्रकार की कणिकाएं पाई जाती हैं :
- **लाल रक्ताणु या एरिथ्रोसाइट्स** (R.B.C. or Erythrocytes)—RBC केवल कशेरुकियों में पाये जाते हैं। RBC का प्रथम प्रेक्षण ल्यूवेनहॉक (Leeuwenhock) द्वारा किया गया।
- स्तनधारियों में **सबसे बड़ी** RBC हाथी की व **सबसे छोटी** RBC कस्तूरी हिरण की होती है।
- **श्वेताणु** (White Blood Cells or Leucocytes)—यह आकार में RBC से बड़े होते हैं। इसमें **केन्द्रक** पाया जाता है।
- **लिम्फोसाइट**—इसका निर्माण लसिका ग्रन्थियों द्वारा किया जाता है। यह शरीर में **एन्टीबॉडी का निर्माण** कर शरीर की रोगाणुओं से रक्षा करती है।
- **मोनोसाइट**—यह सबसे **बड़ी** W.B.C. कोशिका होती है जो रोगाणुओं का भक्षण कर शरीर को रोगों से बचाती है।
- **रक्त प्लेटलेट्स** (Blood Platelets)—इन्हें थ्रोम्बोसाइट्स भी कहते हैं। इनका निर्माण मेगाकैरियोसाइट्स द्वारा अस्थि मज्जा में होता है।

- इनमें केन्द्रक (Nucleus) अनुपस्थित होता है। इनकी संख्या 2.5 से 5 लाख/cumm होती है।
- इनका जीवन काल 2-3 दिन का होता है।
- रक्त स्कंदन (Blood Clotting)—शरीर में चोट लगने पर चोटग्रस्त भाग से रक्त का बहना कुछ समय बाद स्वत: रुक जाता है क्योंकि रक्त में **धक्का** (Clott) बनाने की क्षमता पायी जाती है। इस क्रिया को **रक्त का थक्का बनना** या **स्कंदन** कहते हैं।
- **रक्तसमूह** (Blood Group)—रक्त समूह की खोज वैज्ञानिक **कार्ल लैण्डस्टीनर** ने की थी।
- मनुष्य के रक्त में भिन्नता का कारण RBC में पाई जाने वाली ग्लाइको प्रोटीन है, जिसे **एन्टीजन** कहते हैं। यह एन्टीजन दो प्रकार की होती है : **एन्टीजन** A व **एन्टीजन** B।
- एन्टीजन की उपस्थिति के आधार पर मनुष्य का रक्त समूह 4 प्रकार का होता है। (I) रक्त समूह—A, (II) रक्त समूह—B, (III) रक्त समूह—AB, (IV) रक्त समूह—O। रक्त समूह—A में एन्टीबॉडी *a* व रक्त समूह *B* में एन्टीबाडी *b* पाई जाती है।
- रक्त समूह O को **सर्वदाता** कहते हैं क्योंकि इसमें कोई एन्टीजन नहीं पाया जाता है।
- रक्त समूह AB को **सर्वग्राही** कहते हैं क्योंकि इसमें कोई एन्टीबाडी नहीं पाई जाती है।
- **RH-कारक** (Rh-Factor)—लैण्डस्टीनर ने 1940 में रेसस बंदर में एक अन्य प्रकार के एन्टीजन का पता लगाया जिसे Rh कारक कहते हैं।
- जिस मनुष्य के रक्त में यह पाया जाता है उसे Rh-Positive व जिनमें नहीं पाया जाता उसे Rh-Negative कहते हैं।

पाचन तन्त्र (Digestive System)

- पाचन वह क्रिया है जिसमें भोजन के रूप में लिए गए जटिल कार्बनिक पदार्थों का सरल अणुओं में परिवर्तन होता है।
- लार में उपस्थित टाएलिन एन्जाइम भोजन की मांड से मिलकर इसे शर्करा में परिवर्तित कर देता है।
- पेप्सिन भोजन की प्रोटीन से मिलकर इन्हें प्रोटियोसस, पेप्टोन्स तथा पॉलीपेप्टिड्स में परिवर्तित कर देता है।
- **रेनिन** दूध की घुलित प्रोटीन्स **केसीनोजेन** पर कार्य करती है और इसे ठोस केसीन में बदल देती है।
- **ट्रिप्सिन**—यह पेप्टोन को तथा शेष बचे प्रोटीन को अमीनो अम्लों में परिवर्तित कर देता है।
- **इसेप्सिन**—शेष पेप्टोन तथा प्रोटीन को अमीनो अम्लों में बदल देता है।
- **माल्टेस**—यह माल्टोस को ग्लूकोज में परिवर्तित करता है।
- **लैक्टोस**—यह लैक्टोस को ग्लूकोज तथा ग्लैक्टोस में परिवर्तित करता है।
- **यकृत** (Liver)—यह मानव के शरीर की **सबसे बड़ी ग्रन्थि** है। यकृत द्वारा पित्त रस का स्रावण किया जाता है जो आंतों में भोजन का माध्यम क्षारीय बना देता है।
- पित्त रस वसा के **पायसीकरण** द्वारा वसा के पाचन में भी सहायक होता है।
- **अग्नाशय** (Pancreas)—यह शरीर की दूसरी सबसे बड़ी ग्रन्थि है जो बाह्य व अन्त: स्रावी दोनों प्रकार की ग्रन्थियों का कार्य करती है।
- वाह्य : स्रावी के रूप में यह तीन एन्जाइम एमाइलेज, लाइपेज व ट्रिप्सीन का स्रावण व अन्त : स्रावी के रूप में यह इन्सुलिन व ग्लूकोजन का स्रावण करती है।

- **इन्सुलिन** (Insuline)—इसकी खोज बेन्टिग और वेस्ट ने 1921 में की थी।
- यह ग्लूकोज को ग्लाइकोजन में बदलने की क्रिया पर नियन्त्रण रखता है।
- इसके अल्प स्रावण में मधुमेह नामक रोग हो जाता है।

श्वसन तन्त्र (Respiratory System)

- श्वसन के लिए जीवधारी द्वारा ऑक्सीजन बाहरी वातावरण से ग्रहण की जाती है।
- अनेक विकसित जीवधारियों में वातावरण से ऑक्सीजन ग्रहण करने के लिए विशेष अंग व अंगतन्त्र होते हैं—जैसे मछली में गिल, मानव में फेफड़े।
- ऑक्सीजन (O_2) का परिवहन मुख्य रूप से रुधिर में पाए जाने वाले वर्णक हीमोग्लोबिन के द्वारा होता है।
- **कोशिकीय श्वसन** (Cellular Respiration)—यह श्वसन दो प्रकार का होता है।
- **अनॉक्सी श्वसन** (Anaerobic-Respiration)—ऑक्सीजन की अनुपस्थिति में होने वाला श्वसन अनाक्सी श्वसन कहलाता है। यह श्वसन अन्त: परजीवियों, यीस्ट, जीवाणु व अंकुरित बीजों में पाया जाता है।
- **ऑक्सी श्वसन** (Aerobic Respiration)—यह श्वसन ऑक्सीजन की उपस्थिति में होता है। इसमें श्वसन पदार्थ का पूर्ण ऑक्सीकरण होता है, जिसके फलस्वरूप CO_2 व H_2O बनते हैं तथा काफी मात्रा में ऊर्जा विमुक्त होती है।

परिवहन तन्त्र (Circulatory System)

- जन्तुओं में पचे हुए पदार्थों तथा श्वसनांगों द्वारा वातावरण से ग्रहण की गई ऑक्सीजन को समस्त कोशिकाओं में पहुंचाने के लिए रूधिर परिसंचरण तन्त्र होता है।

- इस तन्त्र की खोज विलियम हार्वे ने की थी।
- **धमनियां**—हृदय से रक्त शरीर के विभिन्न भागों में ले जाने वाली वाहिनियों को **धमनियां** कहते हैं।
- सभी धमनियां ऑक्सीकृत रक्त का संचरण करती हैं केवल फुफ्फुस धमनी को छोड़कर।
- प्रत्येक अंग से अशुद्ध रक्त को हृदय में ले जाने का कार्य **शिराएं** करती है।
- फुफ्फुस शिरा में शुद्ध रक्त बहता है।
- सामान्य मनुष्य के हृदय की धड़कन 72 प्रति मिनट होती है।
- एक सामान्य व्यक्ति का रक्त दाब 120/80 होता है।
- **स्फिग्नोमोनोमीटर** यन्त्र द्वारा रक्त दाब को मापा जाता है।
- ऑपरेशन के दौरान हृदय की धड़कन को कम होने से रोकने के लिए एड्रीनलिन रसायन का प्रयोग किया जाता है।

उत्सर्जन तन्त्र (Excretory System)

- सामान्य वयस्क प्रतिदिन लगभग 1.4 लीटर मूत्र त्यागता है।
- मानव शरीर में लगभग 45 लीटर जल (लगभग 70%) होता है।
- मूत्र में 97 प्रतिशत जल, 2.5 प्रतिशत यूरिया व शेष लवण होते हैं। मूत्र का पीला रंग **यूरोक्रोम** वर्णक के कारण होता है।
- मूत्र का निर्माण वृक्क द्वारा रक्त के छनने से होता है। **मूत्र अम्लीय** होता है व इसका pH 6 होता है।
- **डायलिसिस** (Dialysis)—डायलिसिस एक मशीन है, जिसे कृत्रिम वृक्क भी कहते हैं। किसी व्यक्ति के दोनों वृक्क खराब हो जाने पर डायलिसिस मशीन द्वारा रक्त को साफ किया जाता है।
- वृक्क में **कैल्शियम ऑक्जलेट** के जमा हो जाने पर वृक्क में **पथरी रोग** हो जाता है।
- **लियोट्रेप्सी** में अल्ट्रासोनिक तरंगों की सहायता से बिना ऑपरेशन पथरी को निकाला जाता है।

कंकाल तन्त्र (Skeleton System)

- हमारा व अनेक जन्तुओं का शरीर हड्डियों के ढांचे से बना है। इसी को कंकाल तन्त्र कहते हैं।
- मनुष्य के कंकाल में कुल 206 अस्थियां होती हैं।
- मनुष्य की खोपड़ी में 22 अस्थियां होती हैं। इनमें से 8 अस्थियां संयुक्त रूप से मनुष्य के मस्तिष्क को सुरक्षित रखती हैं।
- मनुष्य का कशेरुक दण्ड(रीढ़ की हड्डी), 33 कशेरुकाओं से मिलकर बना है।
- जांघ की फीमर अस्थि शरीर की सबसे बड़ी अस्थि व कान की स्टेपीज अस्थि शरीर की सबसे छोटी अस्थि होती है।
- अस्थियां कैल्शियम व फॉस्फोरस की बनी होती हैं।
- इन तत्वों की कमी होने पर शरीर की अस्थियां कमजोर व छिद्रित हो जाती हैं व **ओस्टियोपोरोसिस** रोग हो जाता है।

तन्त्रिका तन्त्र (Nervous System)

- यह समस्त मानसिक कार्यों का नियन्त्रण करता है।
- यह विभिन्न ऊतकों एवं ग्रन्थियों का नियन्त्रण करता है।
- यह जन्तु को बाहरी वातावरण के अनुसार प्रतिक्रिया करने में मदद करता है।
- तन्त्रिका तन्त्र विभिन्न अंगों की भिन्न-भिन्न क्रियाओं को संचालित एवं नियंत्रित करता है।
- मस्तिष्क अत्यन्त संवेदनशील एवं मुलायम अंग होता है जो तन्त्रिका ऊतक से बनता है।
- सामान्य वयस्क पुरुष में इसका द्रव्यमान 1,400 ग्राम होता है जबकि सामान्य वयस्क स्त्री में 1,300 ग्राम होता है।
- मनुष्य का मस्तिष्क स्तनधारियों में सबसे अधिक विकसित होता है।

- इसे निम्न भागों में बांट सकते हैं—(a) अग्रमस्तिष्क (Fore brain), (b) मध्य मस्तिष्क (Mid brain), (c) पश्च मस्तिष्क (Hind brain)।

- **अग्रमस्तिक** (Fore Brain)—इसके निम्नलिखित भाग होते हैं :

  1. **सेरीब्रम** (Cerebrum)—यह मस्तिष्क का सबसे विकसित भाग होता है। यह ज्ञान, बुद्धि, चेतना, स्मृति का केन्द्र होता है।

  2. **थेलेमस**—यह **ठण्ड-गर्म** व **दर्द** का आभास कराता है।

  3. **हाइपोथेलेमस**—यह अन्त: स्रावी ग्रन्थियों से स्रावित होने वाले हार्मोन का नियन्त्रण करता है। यह भूख, प्यास, घृणा, प्यार, भावनाओं का केन्द्र होता है।

- **मध्य मस्तिष्क** (Mid Brain)—मध्य मस्तिष्क में 4 **दृष्टि पिण्ड** पाये जाते हैं जो कारपोरा कवार्डिजेमिना कहलाते हैं। यह दृष्टि व श्रवण शक्ति के नियन्त्रण के केन्द्र होते हैं।

पश्च मस्तिष्क (Hind Brain)

- **सेरेबिलम** (Cerebellum)—यह **सन्तुलन** केन्द्र होता है। शराब का प्रभाव मस्तिष्क के इसी भाग पर होता है।

- **मेड्रयूला आब्लांगाटा** (Medulla oblongata)—यह मस्तिष्क का सबसे पीछे का भाग है जो अनैच्छिक क्रियाओं पर नियन्त्रण रखता है। **श्वसन**, **धड़कन**, **पाचन** केन्द्र यहां होते हैं।

- **मेरु रज्जु** (Spinal cord)—यह **प्रतिवर्ती क्रियाओं** का केन्द्र है। प्रतिवर्ती क्रियाएं—जैसे कांटा चुभने पर पांव ऊपर उठना, गर्म वस्तु को छूने पर हाथ पीछे आना आदि।

❑❑❑